LA VIE
DE LA SŒUR
FRANÇOISE BONY,
FILLE DE LA CHARITÉ,

Décédée Supérieure de l'Hôpital Royal de Saint Germain-en-Laye, le 15 Mars 1759, âgée de soixante quinze ans.

DÉDIÉE

A Madame la Duchesse DE VILLARS, Grande d'Espagne, Dame d'Atour de la Reine.

Par M. BALLET, ancien Curé de Gif, Prédicateur de Sa Majesté.

A PARIS,
Chez D'ESPILLY, Libraire, rue Saint Jacques, Cour de la Vieille Poste.

―――――――――――

M. DCC. LXI.
Avec Approbation & Permission du Roi.

A MADAME
MADAME LA DUCHESSE
DE VILLARS,

Grande d'Espagne, Dame d'Atour de la Reine.

ADAME,

LA vie de la Sœur Françoise Bony que j'ai l'honneur de vous offrir, paroît avec décence sous vos auspices. En effet, MADAME, quel nom plus précieux aux Filles de la Charité que le vôtre !

a ij

EPITRE.

Elles ont toujours trouvé en vous une bienfaictrice & un modele.

Elles ont éprouvé, Madame, les effets de votre charité & de votre crédit, & vous leur avez toujours été utile, parce que vous avez toujours aimé les pauvres.

Mais, Madame, ce qui est le plus important pour elles, c'est que votre exemple les confirme dans les justes idées qu'elles ont conçuës de la sainteté & de la perfection de leur état.

Lorsqu'elles vous voyent passer des somptueux Palais des Têtes couronnées, dans les tristes aziles des membres de Jesus-Christ souffrant, peuvent-elles en douter?

Lorsque vous devenez leur Compagne dans le service des malades, peuvent-elles ignorer la grandeur de leur état aux yeux de la Foi?

EPITRE. v

Cet amour des pauvres qui vous attache, MADAME, *aux Filles de Saint Vincent de Paul, vous a aussi rendu précieuse la mémoire de Mademoiselle le Gras, qui a paru à la tête de cette Congrégation naissante, & qui animée de l'esprit du saint Instituteur, a répandu la bonne odeur de* JESUS-CHRIST, *& laissé des traces d'un zele, d'une charité, & d'une sainteté que nous révérons dans nos cœurs, mais que nous n'honorerons publiquement que lorsque l'Eglise le permettra.*

On n'ignore pas, MADAME, *la part que vous avez eue au grand évenement qui causa tant d'allégresse aux Filles de la Charité.*

Si elles possedent les restes précieux de leur digne Mere dans leur Chapelle, si la vûe de ses cendres, qui respirent encore une pieté tendre, les anime dans la pénible carriere du service des pauvres, c'est à notre pieuse Reine, & à vous, MADAME, qu'elles doivent ces consolations.

Vous voyez, MADAME, que j'obéis à vos ordres, que je respecte les allarmes de votre humilité, & que c'est le cœur seul des Filles de la Charité qui s'exprime.

Le silence que vous m'avez imposé, m'oblige de ne parler que des vertus de la Sœur Bony, & de taire les vôtres ; mais je me flatte, MADAME, que vous récompenserez mon obéissance, en m'accordant la grace de me croire avec un très-profond respect,

MADAME,

Votre très-humble & très-obéissant serviteur, BALLET, ancien Curé de Gif, Prédicateur ordinaire de la Reine.

APPROBATION.

J'Ai lû par ordre de Monseigneur le Chancelier, la *Vie de la Sœur Bony, Supérieure de l'Hôpital de Saint Germain-en-Laye*, dans laquelle il est aisé de remarquer qu'elle a toujours été animée de l'esprit de son saint Fondateur, par la pratique de toutes les œuvres de piété. En Sorbonne le 18 Octobre 1760. *Signé*, DE MARCILLY.

PERMISSION.

LOUIS, par la grace de Dieu, Roi de France & de Navarre : A nos amés & féaux Conseillers, les Gens tenant nos Cours de Parlement, Maîtres des Requêtes ordinaires de notre Hôtel, Grand-Conseil, Prevôt de Paris, Baillifs, Sénéchaux, leurs Lieutenans Civils, & autres nos Justiciers qu'il appartiendra : SALUT. Notre amé le Sieur BALLET, Curé de Gif, Nous a fait exposer qu'il désireroit faire imprimer & donner au Public un Ouvrage qui a pour titre : *La Vie de la Sœur Françoise Bony*, s'il Nous plaisoit lui accorder nos Lettres de Permission pour ce nécessaires. A CES CAUSES, voulant favorablement traiter l'Exposant, Nous lui avons permis & permettons par ces Présentes, de faire imprimer ledit Ouvrage autant de fois que bon lui semblera, & de le faire vendre & débiter par tout notre Royaume pendant le temps de *trois* années consécutives, à compter du jour de la date des Présentes. Faisons défenses à tous Imprimeurs, Libraires & autres personnes de quelque qualité & condition qu'elles soient, d'en introduire d'impression étrangère dans aucun lieu de notre obéïssance ; à la charge que ces Présentes seront enregistrées tout au long sur le Registre de la Communauté des Imprimeurs & Libraires de Paris, dans trois mois de la date d'icelles; que l'impression dudit Ouvrage sera faite dans notre Royaume, & non ailleurs, en bon papier & beaux caractères, conformément à la feuille imprimée attachée pour modele sous le contre-scel des Présentes ; que l'Impétrant se conformera en tout aux Réglemens de la Librairie, & notamment à celui du 10 Avril 1725 ; qu'avant de l'exposer en vente, le Manuscrit qui aura servi de copie à l'impression dudit Ouvrage, sera remis dans le même état où l'Approbation y aura été donnée, ès mains de notre très-cher & féal Chevalier, Chancelier de France, le Sieur DE LAMOIGNON, & qu'il en sera ensuite remis deux Exemplaires dans notre Bibliothéque publique, un dans celle de notre Château du Louvre, & un dans celle de notredit très-cher & féal Chevalier, Chancelier de France, le Sieur DE LAMOIGNON, le tout à peine de nullité des Présentes. Du contenu desquelles vous mandons & enjoignons de faire jouir ledit Exposant & ses ayant causes pleinement & paisiblement, sans souffrir qu'il leur soit fait aucun trouble ou empêchement. Voulons qu'à la copie des Présentes, qui sera imprimée tout au long au commencement ou à la fin dudit Ouvrage, foi soit ajoutée comme à l'Original. Commandons au premier notre Huissier ou Sergent sur ce requis, de faire pour l'exécution d'icelles, tous actes requis & nécessaires, sans demander autre permission, & nonobstant clameur de Haro, Charte Normande, & Lettres à ce contraires : CAR tel est notre plaisir. Donné à Versailles le dix-huitiéme jour du mois de Mars, l'an de grace mil sept cent soixante & un, & de notre Régne le quarante-sixiéme. Par le Roi en son Conseil. LE BEGUE.

Registré sur le Registre XV. de la Chambre Royale & Syndicale des Libraires & Imprimeurs de Paris, N°. 286. Fol. 153. conformément au Réglement de 1723, qui fait défenses, art. 41. à toutes personnes, de quelque qualité & condition qu'elles soient, autres que les Libraires & Imprimeurs, de vendre, débiter, & faire afficher aucuns Livres pour les vendre en leurs noms, soit qu'ils s'en disent les Auteurs, ou autrement, & à la charge de fournir à la susdite Chambre neuf Exemplaires prescrits par l'Art. 108. du même Réglement. A Paris ce 27 Mars 1761.
Signé, SAUGRAIN, *Syndic.*

LA VIE

LA VIE
DE
LA SŒUR BONY.

LIVRE PREMIER.

SOMMAIRE.

I. *Motifs qui ont déterminé l'Auteur à écrire la vie de la Sœur Bony.* II. *On est autorisé par l'Ecriture à donner l'histoire des personnes décédées dans la pratique des vertus Chrétiennes.* III. *La sainteté distinguée des miracles, du don de prophétie & des voyes extraordinaires dans lesquelles Dieu a conduit certaines ames, & ce que l'on peut offrir de plus utile & de plus pré-*

A

SOMMAIRE.

cieux aux Chrétiens jaloux de leur salut. IV. La pratique constante des trois Vertus Théologales au milieu de la corruption du monde, est un prodige selon le Saint Esprit. C'est sur cette pratique & non sur les miracles seulement que l'Eglise décide de la béatitude de ceux qu'elle nous permet d'honorer publiquement. V. Une vie conforme au plan de l'Evangile offre aux yeux de la foi des vertus héroïques & plus admirables que les actions de ceux qui représentent un grand rôle sur le théâtre du monde. VI. Les mondains ne conçoivent pas une juste idée de la sainteté, quand ils n'admirent que celle que Dieu accompagne de miracles éclatans. VII. C'est parce qu'ils ne considerent dans les Saints, que les actions extraordinaires, qu'ils ne les regardent pas comme des modeles qu'ils doivent & qu'ils peuvent imiter. VIII. Ce n'est pas aux yeux de la foi qu'une vie vraiment chrétienne paroît peu intéressante, c'est aux yeux du monde qui n'est pas flatté de l'his-

SOMMAIRE.

toire la plus édifiante, quand elle ne présente pas ces évenemens, ces révolutions, ces entreprises, ces succès, ces scénes singulieres qui occupent les mondains, excitent leur curiosité, & partagent leurs sentimens. IX. *La vie de la Sœur Bony qu'on présente aux Fideles, & sur-tout aux Filles de la Charité, offre des vertus qu'on ne sçauroit trop louer & trop admirer.*

JE me suis borné pendant les dernieres années de la vie de la Sœur Bony, à l'admiration ; les dons éminents que Dieu avoit unis dans cette pieuse Fille, me touchoient sensiblement. Je me disois à moi-même ce que Saint Augustin disoit de son temps à son cher Alype, pendant que des Sçavans ne s'occupent que d'une gloire vaine & passagere, les simples par leur foi, leur pieté, & leur amour, ravissent le Ciel.

Mais s'il y a un temps où il convient de garder le silence, il y en a un où il est utile de parler. Or le

I. Motifs de l'Auteur.

Liv. 8. de ses Confessions, chap. 8.

Saint Esprit nous apprend dans quel temps nous pouvons, sans danger, louer le Juste, c'est lorsqu'il est arrivé au terme, lorsque ses vertus sont couronnées dans le Ciel, & que fixé dans la gloire, il n'a plus de combat à soutenir contre l'ennemi de son salut, ni par conséquent de chutes à appréhender, c'est le sens de ces paroles : ″ Ne louez aucun homme avant sa mort ″.

Ecclesiasti-que, chap. 11. *v*. 30.

C'est donc après la mort précieuse de la Sœur Bony, que j'ai formé le dessein d'écrire sa vie. J'ai pensé qu'elle seroit utile non seulement aux Filles de la Charité, qui ne sçauroient trop avoir de modeles de la perfection de leur état, mais encore à tous ceux qui respectent la solide pieté.

J'ai entrepris cet Ouvrage avec d'autant plus de goût & de zele, que je n'ai à raconter que ce que j'ai vu & entendu.

La confiance dont cette pieuse Fille m'honoroit, m'a mis à portée de découvrir les beautés de son ame, & comme elle m'a fait elle-même l'histoire de toute sa longue carriere dans cet exil, c'est d'après elle que je parlerai de sa naissance, de son éducation, de sa jeunesse, & de tous les endroits où elle a répandu la bonne odeur de Jesus-Christ.

A l'égard du plus grand théâtre où ses vertus ont éclaté, qui est Saint Germain-en-Laye, c'est la voye des grands & des petits, des riches & des pauvres, des Prêtres & des Laïques qui m'a instruit de tous les traits qui caractérisent & distinguent sa pieté & son zele.

Cette voix unanime ne m'en a point imposé. Depuis mon séjour dans cette Ville, j'ai eu le bonheur de la voir souvent, de l'entendre, & j'ose assurer qu'on ne m'avoit pas donné une assez haute idée de ses rares vertus. J'ai découvert un fond de mérites qui n'a été bien connu que par ceux qui s'entretenoient souvent avec elle, & qui sçavent estimer les dons de Dieu : voilà ce qui m'a déterminé à travailler à une histoire si édifiante. La connoissance des vertus & des travaux de la Sœur Bony.

Je n'ai point hésité d'interrompre mes occupations ordinaires, c'est quitter Dieu pour Dieu. D'ailleurs je ne cesse point d'instruire & d'être utile dès que j'offre à mes lecteurs un modele éminent de la vie Chrétienne.

Je dois avertir aussi que j'ai été invité & sollicité par un grand nombre de personnes pieuses, distinguées & éclairées qui avoient eu le bonheur de la connoître, & qui attendoient impatiemment l'exécution du projet que j'avois formé, & que j'ai été forcé de différer.

Qui pouvoit donc empêcher d'exécuter le projet que j'avois formé dans le moment même que Dieu nous enleva la Sœur Bony, pour récompenser sans doute ses travaux & ses vertus ? Mon insuffisance, mais la vérité & la simplicité doivent plaire à des Chrétiens qui ne veulent que s'édifier. Le défaut de faits intéressans ? Mais n'y a-t-il que les évenements éclatans, les grandes révolutions qui doivent nous intéresser ? La foi, l'amour de Dieu, une charité tendre, compatissante, ingénieuse pour les pauvres, n'offrent-ils que des actions indifférentes ? Enfin les vies édifiantes de plusieurs saints personnages qui sont dans les mains des Fideles ? Mais le récit des vertus dont nous avons été les témoins, l'histoire d'une vie qui a été admirée de tous ceux qui aiment la Religion, & à laquelle les mondains même n'ont pû refuser des éloges, n'offrent-ils pas des traits intéressans pour les contemporains de cette pieuse Fille ?

A l'égard du goût de notre siecle, je n'y ai fait aucune attention. Je sçai qu'aujourd'hui la multitude se fait gloire de n'estimer que les productions de l'esprit, que les ouvrages frivoles qui amusent aux dépens de la vérité & de la pieté, & qu'un Livre de dévotion est regardé comme un Livre inutile : mais il y a des Justes qui veulent sincerement se sanctifier. Cela suffit. Le modele que je leur présente leur sera utile & agréable. D'ailleurs on est autorisé par l'Ecriture même à louer les Justes après leur mort, & à transmettre à la postérité le détail de leurs vertus.

II. **L'Ecriture l'autorise.** Parmi tous ceux que le Saint Esprit loue, & qu'il nous exhorte aussi de louer, il y a des Justes qui n'ont point brillé par l'éclat des miracles ou le don de prophétie, qui ne se sont point distingués dans les sieges & les batailles, dans les Conseils des Souverains, & qui n'ont eu part à aucune révolution éclatante ; tels sont ceux qu'il nous dépeint sous ces traits.

Ecclesiastique, chap. 44. v. 6. & 10. » Louons, dit le Saint Esprit, ces
» hommes qui ont été riches en ver-
» tus, qui ont aimé avec ardeur la
» véritable beauté, qui ont gouverné
» leur maison en paix, ces hommes
» de charité & de miséricorde, dont
» les œuvres de pieté subsisteront dans
» la postérité la plus reculée ».

Or dès que le Saint Esprit nous invite à louer les Justes recommandables par leur pieté, nous sommes donc authorisés à transmettre à la postérité la vie édifiante des personnes qui sont décédées dans la pratique des vertus chrétiennes.

On doit approuver notre zele dès qu'il est prudent ; car nous serions coupables si nous prévenions le jugement de l'Eglise, si nous donnions aux Justes, dont nous racontons les vertus, les titres qui ne conviennent qu'à ceux dont elle a constaté juridiquement la gloire, ou si nous engagions les Fideles à leur rendre un culte qu'on ne peut rendre sans une coupable désobéissance, qu'aux Saints qu'elle expose à notre vénération.

Je me propose de m'édifier & d'édifier les autres en écrivant la vie de la Sœur Bony, parce que je la regarde comme un modele d'une foi vive & soumise, d'un amour pur & ardent, d'un cœur tendre & compatissant, d'un zele ferme & prudent, d'un gouvernement sage & pacifique, voilà des vertus que le Saint Esprit loue, & qu'il transmet à la postérité pour l'instruire & l'édifier.

En effet j'ai tracé en peu de mots le portrait de la Sœur Bony, j'ai présenté toute l'histoire de sa vie, j'ai dit tout ce qu'elle étoit & tout ce qu'elle a été jusqu'à sa mort, quand j'ai rappellé les vertus qui caractérisent ceux que le Saint Esprit nous exhorte de louer & d'imiter. Le portrait est achevé dès que je prouve qu'elle les a possédées dans un degré éminent. Ce sont des Justes qui n'ont brillé que par leur pieté, c'est aussi sur la pieté seule que je fonde le mérite distingué de cette pieuse Fille.

Avoit-elle d'autres richesses que celles de la grace? Avoit-elle d'autre objet que Dieu, la beauté toujours ancienne & toujours nouvelle? At-elle sollicité, travaillé pour d'autres que pour les pauvres? N'a-t-elle pas fait regner la paix dans sa maison? l'union parmi ses Sœurs? Or ces vertus dont je donne le détail, étant louées par le Saint Esprit, dois-je craindre de les rappeller aux Filles de la Charité, & à tous les Chrétiens qui liront ce petit Ouvrage?

Le dessein des Auteurs sacrés, en nous traçant le portrait de ceux qui ont aimé Dieu, en qui la foi étoit vive & agissante, la soumission parfaite, la pieté tendre, qui se sont distingués par l'estime des dons célestes, le dégoût du monde, le détachement de la terre, l'amour des pauvres, l'horreur du péché, a été de nous inftruire & de nous donner des modeles d'une vie pure, innocente & agréable au Seigneur.

Or c'eft auffi le deffein que j'ai eu en offrant aux Filles de la Charité la vie de la Sœur Bony. Elles l'ont admirée lorfqu'elle étoit parmi nous, elles refpectent fa mémoire, elles marchent fur fes traces, fon exemple les encouragera dans la fainte & pénible carriere où la charité les a fait entrer.

On écrit la vie d'une perfonne qui s'eft diftinguée dans les Sciences, dans les Arts, dans le maniement des affaires, dans le commandement des Armées; on offre quelquefois au Public celle d'un homme qui ne s'eft rendu célebre que par fa fcience, fes erreurs, ou même de grands crimes; pourquoi ne ferions-nous pas autorifés à écrire la vie d'une perfonne qui s'eft diftinguée par les vertus Chrétiennes? une pénitence qui a égalé la longueur de fes jours, un amour pour les Pauvres, qui a opéré en quelque forte des prodiges, un zele fupérieur à tous les obstacles que l'insensibilité, l'envie, l'intérêt mettent à l'exécution des bonnes œuvres, voilà ce que l'on a admiré dans la Sœur Bony.

On ne pouvoit la voir ni l'entendre sans être pénétré de respect. Sa mort précieuse a augmenté la vénération, & ses bonnes œuvres qui subsistent encore parmi nous, la perpétueront ainsi que la reconnoissance.

Ce n'est pas la corruption de notre siecle qui doit arrêter notre zele, au contraire la vie d'un Juste dans des jours où la pieté est si rare, est l'histoire la plus édifiante & la plus intéressante que l'on puisse offrir aux Fideles.

C'est une erreur de penser qu'une vie sainte n'est pas assez intéressante pour être transmise à la postérité, quand elle n'offre point de miracles & des choses extraordinaires.

III. La sainteté distinguée des miracles doit nous intéresser.

Il n'y a rien de plus intéressant pour nous que de sçavoir que la sainteté que Dieu nous demande, n'est pas impossible. Or rien ne nous persuade plus efficacement la possibilité de se sanctifier, que l'exemple des personnes qui ont vécu parmi nous.

Dieu dit à tous : » Soyez Saints, *Levitique,* » parce que je suis Saint » : mais il *chap.* 11, ne donne pas à tous le don des mi- *v.* 44. racles, & de prophétie.

Il n'y a que la route étroite qui conduit au Ciel; mais dans cette unique route, qui est, selon Jesus-Christ, l'accomplissement des Commandemens, il y a encore des voyes mystérieuses, sublimes, dans lesquelles il n'est donné qu'aux ames que Dieu éleve à une certaine perfection, de marcher.

Ce qui confond ma tiédeur, ma lâcheté, ma délicatesse, mon attachement au monde, mon indifférence pour les choses du Ciel, ma sécurité dans une vie contraire à la perfection du Christianisme, m'est certainement plus utile dans l'ordre de mon salut, que toutes les choses extraordinaires qui ne font qu'épuiser mon admiration. Or la sainteté d'une personne qui a vécu avec moi, que j'ai vue constamment fidele à ses devoirs, éviter tous les dangers du monde, pratiquer toutes les vertus qui font les Saints, me perſuade la poſſibilité de me ſanctifier dans le monde même. Je profeſſe comme elle l'Evangile, j'ai reçu comme elle le dépôt de la foi ; elle a eu des obſtacles à ſurmonter comme moi. D'ailleurs, & nous ne pouvons pas l'ignorer, ce ne ſont pas ceux qui ſe donnent à Dieu que le démon laiſſe tranquilles, les Juſtes ſont les conquêtes qu'il ambitionne le plus, il met ſa gloire à faire tomber ceux qui ſont debout, & il ne laiſſe en paix que ceux qui lui appartiennent.

Or voilà l'utilité qu'il y a à ſe rappeller la vie édifiante d'une perſonne qui a vêcu avec nous. Nous rougiſſons de ne pas l'imiter, & nous ſommes forcés de conclure qu'elle a été plus fidele à la grâce que nous.

Il n'en eſt pas de même des miracles, du don de prophétie, ou des voyes extraordinaires dans leſquelles il plaît à Dieu de conduire certaines ames. Je ne puis qu'admirer ces merveilles. Elles m'annoncent un Dieu admirable dans ſes Saints, mais elles ne me tracent pas la route dans laquelle je dois & je puis marcher, qui est dans l'ordre ordinaire du salut, la pratique des vertus chrétiennes. L'homme n'a point de part aux miracles, & il a part aux vertus qu'il pratique ; parce qu'il coopere à la grace, sans laquelle il ne pourroit faire aucun bien dans l'ordre du salut.

Si l'on nous donne les Saints comme des modeles que nous devons & pouvons imiter, c'est parce que nous pouvons faire ce qu'ils ont fait dans l'ordre du salut, & non pas parce que nous sommes obligés de les imiter, comme Thaumaturges, comme Prophetes, comme Apôtres, ou comme des contemplatifs souvent dans les extases & les ravissemens.

C'est une nécessité indispensable d'imiter Jesus-Christ ; mais Jesus-Christ pauvre, humilié, souffrant, soumis à la volonté de son Pere, & non pas Jesus-Christ opérant des miracles.

Pourquoi regarde-t-on les Saints comme des hommes extraordinaires, & se croit-on dispensé de les imiter ? C'est qu'on ne sépare pas de leur vie ce qui ne demande que de l'admiration, comme le don des miracles, de prophétie & les voyes extraordinaires dans lesquelles Dieu a conduit certains Elus.

Je ne sçai que penser de la foi d'une personne qui ne trouve rien d'intéressant, rien qui mérite d'être transmis à la postérité dans une vie sainte, quand elle n'est pas accompagnée de miracles, ou qu'elle n'offre pas de scenes singulieres.

Peut-on concevoir une juste idée du salut, qui n'est autre chose que l'art inestimable de se sanctifier dans le monde, & penser ainsi ?

Peut-on se rappeller les éloges que Jesus-Christ donne à la foi, à l'amour de Dieu, à la pénitence, à la charité envers les pauvres, aux efforts que font les Justes pour ravir le Ciel, & regarder comme peu intéressant le récit des vertus d'une personne fidele à son Dieu jusqu'à la mort ? pourquoi je soutiens que la pratique constante des trois Vertus Théologales dans la corruption du monde,

monde, est un prodige aux yeux de la foi, digne de notre attention.

Si j'entreprens d'exécuter le dessein que j'avois formé d'écrire la vie de la Sœur Bony, ce ne sont pas des miracles, des actions extraordinaires, des entreprises, des succès d'éclat qui me déterminent, c'est la pratique constante des trois Vertus Théologales qu'elle a portée même à un certain degré de perfection, comme je le montrerai dans la suite de cet Ouvrage.

IV. C'est la pratique des trois Vertus Théologales qui fait les Saints.

Le prodige que j'ai à offrir à mes lecteurs, c'est celui d'une foi vive, humble, soumise, dans un siecle où on ne sçait que disputer; c'est celui d'une espérance ferme des biens futurs dans un monde d'hommes terrestres, indifférens sur le sort de leur ame, & qui affectent même de douter de son immortalité; c'est celui d'un cœur toujours embrâsé des saintes ardeurs du divin amour, d'un cœur où le feu sacré étoit toujours allumé dans un temps où la charité est refroidie, & où l'iniquité abonde; c'est l'amour des pauvres, l'étude de leurs mi-

B

seres, & l'art de les secourir, malgré tous les obstacles qu'elle trouvoit dans l'insensibilité des riches, & de tous ceux qui devoient & pouvoient coopérer à la bonne œuvre.

Si l'on faisoit attention à la multitude des prévaricateurs de la Loi, à la vie mondaine du plus grand nombre des Chrétiens, à ce déluge de vices qui inonde la terre, à la scandaleuse témérité avec laquelle on se souleve aujourd'hui contre la foi & la pieté, au mépris qu'on fait des Justes, à l'abandon des Sacremens, à l'infraction publique, & presque universelle des jeûnes & de l'abstinence du Carême, on ne pourroit pas s'empêcher d'admirer le Juste détaché du monde, dont les voyes sont pures & innocentes, qui médite la Loi & l'accomplit, qui aime son Dieu & son prochain, & qui n'est dans le monde que pour le confondre par ses exemples, & l'humilier par ses victoires.

Le Saint Esprit loue souvent le Juste dans l'Ecriture, il lui donne de magnifiques éloges, il dépeint avec une sorte de pompe son bonheur même sur la terre : or le loue-t-il parce qu'il a opéré des miracles, parce qu'il a paru avec éclat sur la scene du monde ; qu'il s'y est distingué par la science, la politique, la valeur, & ces brillans succès qui immortalisent un homme dans les Annales d'un Empire ? Non, la foi, l'amour, l'obéissance, le détachement du monde, l'humilité, la compassion envers les malheureux, voilà ce qui rend le Juste grand aux yeux du Seigneur, voilà, selon le Saint Esprit, un homme qui a opéré des prodiges pendant sa vie, celui de sa sanctification. *Ecclesiastique, chap. 31. v. 9.*

Noë marche en la présence de Dieu, il est parfait, la vie de Noë offre un prodige aux yeux de la foi, celui de sa sanctification dans un temps où toute chair avoit corrompu ses voyes. *Genese, ch. 6. v. 9.*

Le Juste est une lampe cachée, mais qui n'est cachée que pour un temps ; sa vie qui est obscure, & qui ne paroît pas intéressante aux yeux des mondains, est un prodige que le Ciel admire ; la foi rend le *Job, chap. 12. v. 5.*

B ij

Juste supérieur aux conquérans, par les victoires qu'elle lui fait remporter sur le monde.

Il est vrai que le Saint Esprit loue aussi avec magnificence les Juges, les grands Capitaines, les Rois, qu'il raconte leurs exploits militaires, leurs conquêtes, ainsi que les miracles, que les Prophetes, dépositaires de la puissance Divine, ont opéré ; mais il ne met pas le Juste que l'éclat de l'or n'éblouit pas, que le monde ne séduit pas, au-dessous d'eux.

C'est sur la pratique constante & dans un degré héroïque des trois Vertus Théologales que l'Eglise décide que ceux qu'elle expose à notre vénération, jouissent du bonheur éternel. Elle propose aussi les miracles qu'elle a juridiquement constatés, mais comme les Saints n'ont point de part aux miracles, que Dieu n'en opere par leur intercession, que pour manifester leur sainteté & leur persévérance dans la vertu, c'est leur foi, leur espérance & leur charité qu'elle nous rappelle comme le fondement de leur sanctification. Les mondains ignorent ces grandes vérités, c'est pourquoi ils sont étonnés que nous leur présentions une vie où il n'y a d'intéressant que la sanctification d'un homme, comme si une vie conforme au plan de l'Evangile n'offroit pas aux yeux de la foi, des vertus plus admirables, que les actions de ceux qui brillent sur le théâtre du monde.

V. Une vie conforme au plan de l'Evangile, présente des vertus admirables.

Si les mondains ne se faisoient pas une sorte de gloire d'ignorer la perfection de l'Evangile, la vie des Justes séparée même de tout ce qui répand de l'éclat dans celle des Thaumaturges, des hommes Apostoliques, des Solitaires de l'Egypte & de la Thébaïde, des Fondateurs des plus grands Ordres, ou dans celle de ces hommes qui ont occupé de grandes places & ont eu part à de grandes révolutions, leur paroîtroit plus admirable, elle exciteroit leur vénération, & détruiroit ces préjugés si communs qui la font regarder comme une vie peu intéressante : on ne les entendroit pas dire qu'une vie conforme au plan de l'Evangile, ne fournît pas des faits aſſez éclatans ni aſſez intéreſſans pour être tranſmiſe à la poſtérité.

Lorſque certains Sçavans auſquels je fis part du projet que j'avois formé de mettre au jour la vie de la Sœur Bony, m'oppoſerent ce préjugé. Je leur prouvai qu'il étoit mal fondé, & voici ma preuve.

Je diſtingue les ſuccès du ſalut, des ſuccès de la fortune, ou de la réputation. Les ſuccès du ſalut ſont préférables ſans doute aux ſuccès les plus éclatans des mondains. Le Chrétien qui a de la foi, qui croit une immortalité glorieuſe, qui eſt effrayé des dangers qui l'environnent, qui redoute la puiſſance de l'ennemi de ſon bonheur, en convient. Or la vie d'un Juſte qui a perſévéré juſqu'à la fin, offre des vertus qui ont aſſuré, comme nous le preſumons, le ſuccès de ſa ſanctification. Comment oſe-t-on dire qu'elle ne contient rien d'intéreſſant ?

En rappellant aux Filles de la Charité & aux Fideles les vertus de la Sœur Bony, je leur préſente un plan de vie conforme à l'Evangile, une vie de foi, d'amour, une vie remplie de bonnes œuvres, une vie où l'on voit toujours le même zele, la même ardeur, la même patience, la même soumission, le même détachement du monde, le même goût des choses du Ciel, la même horreur du péché. Il y a toujours eu dans cette pieuse Fille une égalité de conduite & de pieté; si quelque chose distingue la fin de sa carriere du commencement, ce sont des accroissements de dévotion, de charité. Or c'est cette vie conforme au plan de l'Evangile, que j'éleve au-dessus de celle de ces hommes qu'on regarde comme très-intéressante à cause des grandes révolutions auxquelles ils ont eu part, ou de leurs succès dans la route des honneurs.

Jesus-Christ nous apprend à mettre les succès du salut au-dessus des succès des mondains, quand il dit: » Que sert-il de faire la conquête » du monde entier, si l'on perd son » ame ? *S. Mathieu chap. 16. & 26.*

Oui, aux yeux de la foi les succès du salut sont préférables aux succès les plus éclatans des guerriers, des politiques & des sçavans. Peut-on être grand à la mort quand on n'est pas Saint? Aux yeux de la foi un Chrétien victorieux des passions, est plus grand qu'Alexandre victorieux de tous les Princes qui s'opposoient aux vastes projets de son ambition. Une Fille qui a vêcu comme Jesus Christ l'a ordonné, est plus admirable que ceux qui vivent selon le monde.

Il est vrai qu'après sa mort un homme qui a brillé dans le monde, qui y a représenté un grand rolle, est loué par les mondains, que l'histoire de sa vie les intéresse; mais que lui sert-il d'être loué où il n'est plus, s'il est tourmenté dans l'éternité où il est entré? Or si un Chrétien a fait tout ce qu'il pouvoit faire de plus important, quand il a fait son salut, si la conquête du monde entier ne peut dédommager de la perte du Ciel, comment ose-t-on dire que la vie d'un Juste n'est pas intéressante?

On

On me dira peut-être ici que les vertus de la Sœur Bony ne regardent qu'elle seule, que l'affaire du salut étant une affaire personnelle, le succès dans l'ouvrage de sa sanctification fait son bonheur, & non celui des autres, d'ailleurs qu'elle n'est pas la seule qui ait vécu saintement, & par conséquent dès qu'il n'y a pas de faits intéressans, d'entreprises régulieres, & d'évenemens éclatans, il est inutile de publier une vie dont nous avons tant d'exemples dans les Cloîtres & dans le monde même.

Il m'est facile de détruire ce raisonnement, & je le fais par ordre. 1°. Les Saints ont travaillé pour eux en se sanctifiant, cependant on nous les donne pour modeles, non d'une vie extraordinaire, mais d'une vie chrétienne. 2°. Leurs succès font leur bonheur particulier, mais nous pouvons devenir ce qu'ils sont, si nous remportons les mêmes victoires sur le monde. 3°. La Sœur Bony n'est pas la seule qui ait vécu saintement, je le sçai, mais c'est sous nos yeux & dans des jours d'irreligion que sa foi, sa charité ont éclaté, 4°. Il n'y a pas dans sa vie de faits intéressans, d'entreprises éclatantes, mais pour un monde qui ne compte pour rien les prodiges de la charité, pour un monde curieux, frivole, qui ne trouve rien de grand dans la Religion ; car aux yeux d'un Chrétien, ce qu'elle a fait pour les Pauvres, présente des faits intéressans, dignes d'être transmis à la postérité, & préférables à beaucoup de faits qu'on rapporte avec soin & avec éloge dans l'histoire des grands hommes. 5°. Nous avons de grands exemples de pieté dans les Cloîtres & dans le monde même. A Dieu ne plaise que j'avance qu'il n'y a plus de Saints. Il y a des Saints de la terre comme il y a des Saints du Ciel, dit saint Bernard, c'est-à-dire, qu'il y a des Elus qui combattent encore, & que Dieu seul connoît ; mais ces astres qui brillent à nos yeux, different en clarté sans qu'il soit question de miracles ou de faits qui excitent la curiosité, & nous ne concevons pas une juste idée de la sainteté quand nous n'ad-

Sermon 5. sur la Fête de tous les Saints.

mirons que celle qui est accompagnée de miracles.

Qu'est-ce que la sainteté ? C'est la pureté d'une ame que le péché n'a point souillée, c'est l'innocence d'un cœur fermé au monde & à tous ses objets séducteurs : car selon l'Apôtre saint Jacques, tout le précis de l'héroïsme de la morale de l'Evangile que nous professons, consiste à se conserver pur dans la contagion du siecle.

VI. Les mondains ne conçoivent pas une juste idée de la Sainteté.

Epître de S. Jacques, ch. 1. v. 27

Or il s'agit de sçavoir si un Juste victorieux des combats que le monde livre à son innocence & à sa foi, ne mérite pas notre admiration & notre vénération. Quand Dieu ne lui accorde pas le don des miracles, les mondains semblent le penser par le mépris qu'ils font des vertus du Juste, dont la vie est cachée en Jesus-Christ, d'un Juste qui ne paroît pas avec éclat sur la scene du monde, & que Dieu ne donne pas en spectacle par de nouveaux prodiges ; mais il est facile de prouver qu'ils ne conçoivent pas une juste idée de la sainteté.

La sainteté est séparée des mira-

C ij

cles : la sainteté dans l'ordre du salut, est préférable aux miracles, la sainteté met l'homme au-dessus des miracles.

En effet, c'est Dieu seul qui opere des miracles. C'est sa puissance seule qui agit dans celui qui guérit les malades, éclaire les aveugles, ressuscite les morts.

Ce Thaumaturge qu'on admire, n'est qu'un instrument dont il se sert selon ses desseins & sa volonté absolue; d'ailleurs, & c'est une réflexion que nous devons faire pour dissiper nos préjugés, & nous porter à respecter la sainteté du Juste séparée des miracles; tous ceux qui ont été l'instrument des merveilles du Seigneur, n'ont pas été sauvés. Sans rapporter tous les exemples que l'Ecriture & l'Histoire de l'Eglise me fournissent, il suffit de nous rappeller celui de l'Apôtre perfide.

Pseaume 32. Dieu fixe avec complaisance ses yeux sur le Juste qui le sert, qui le craint, qui lui obéit, qui l'aime. Admire-t-il de même l'homme qu'il rend dépositaire de sa puissance ?

Si la sainteté par rapport à l'homme n'étoit pas au-dessus des miracles, Jesus-Christ auroit-il dit à ses Apôtres : Ne vous réjouissez pas de ce que vous ferez des hommes de prodiges, mais réjouissez-vous de ce que vous êtes du nombre des Elus. *Evangile selon saint Luc, chap. 10. v. 20.*

Lorsqu'il jugera l'univers, on l'entendra bénir le Juste, on le verra introduire dans la gloire ceux qui auront assisté & servi les Pauvres, pendant qu'il envoyera dans les flammes éternelles des hommes fameux qui avoient prophétisé en son nom. *Evangile selon Saint Mathieu, ch. 25. v. 34.*

Selon la doctrine de saint Paul, qui est toute divine, la charité est au-dessus des miracles. Or la charité regne dans le cœur d'un Juste qui n'a point le don des miracles. Je dois donc révérer en lui la plus grande de toutes les vertus, celle qui donne à la sainteté toute sa perfection, & la fait couronner dans le Ciel ; je ne dois pas regarder comme peu intéressante la vie d'une pieuse Fille, dont le cœur a toujours été embrâsé des ardeurs de la charité, & dont le *I. Epître aux Corinthiens, ch. 13. v. 2.*

langage étoit celui de l'amour divin.

Selon ce grand Apôtre, les miracles sans la charité ne servent de rien pour le salut, la charité sans les miracles assure le bonheur éternel. Que dois-je penser des actions que la charité a animées ? Or c'est sur ce principe que la vie de la Sœur Bony, qui a été une vie d'amour, de charité, & féconde en bonnes œuvres, m'a paru intéressante.

C'est la foi qui trouve des merveilles dans une vie sainte, dans la sanctification d'une ame au milieu des dangers du monde. Elle y remarque les victoires de la grace, les gémissemens d'un Chrétien qui se regarde comme étranger sur la terre, & qui s'occupe du Ciel, où il s'y entretient en esprit avec son Dieu; elle y admire les œuvres de la charité, l'union, la paix, l'assistance des Pauvres, la compassion envers tous les malheureux. Il ne faut que penser à tous les combats que nous avons à soutenir, à tous les ennemis que nous avons à vaincre, pour conserver notre innocence & le dépôt de la foi, pour renoncer à ces préjugés qui nous font regarder la vie d'un Juste qui persévère jusqu'à la fin, comme peu intéressante.

Pour moi je regarde un Juste qui meurt dans la charité, avec la même admiration qu'on regarde un généreux Athlete qui a combattu jusqu'à la fin dans la lice, & qui en sort victorieux.

Il n'en est pas de même des mondains. Une vie sainte ne leur paroît pas digne d'attention, quand il n'y a pas de ces évenemens qui les frappent & les occupent. Selon les préjugés du monde, on diroit qu'un Chrétien n'a rien fait, quand il n'a fait que son salut, & que la pratique des plus hautes vertus du Christianisme mérite moins notre admiration, que l'art de s'avancer & de se rendre célebre parmi les humains. Mais il est aisé de pénétrer ce mystere. On dédaigne dans les Justes la pratique des vertus, & on n'admire dans les Saints que les miracles ou les choses extraordinaires que pour se dispenser de les imiter.

C iiij

VII.
Pourquoi ils ne regardent pas les Saints comme des modeles.

Les Saints ont été ce que nous sommes, & il est certain que nous pouvons devenir ce qu'ils sont. Ils ont été ce que nous sommes sur la terre, parce qu'ils étoient des hommes comme nous, foibles comme nous, portés au mal par leur penchant comme nous, parce qu'ils avoient les mêmes dangers à éviter, les mêmes ennemis à combattre, les mêmes devoirs envers Dieu à remplir. Nous pouvons devenir ce qu'ils sont, parce que nous avons les mêmes secours, parce que Dieu veut notre sanctification, comme il vouloit la leur, parce que la même gloire nous est destinée, & que pour l'obtenir, il n'est pas nécessaire d'être des Apôtres, des Prophetes, des Thaumaturges, des Docteurs, ni de se cacher dans les déserts, ou de s'enfermer dans un Cloître, mais qu'il suffit d'observer les Commandemens de Dieu, & de remplir les devoirs de son état.

Or ces vérités établies, il est aisé d'appercevoir le motif qui porte les mondains à n'admirer dans les Saints, déja couronnés, & dans les Juftes qui meurent dans la pratique des plus éminentes vertus, que les actions extraordinaires qui ne font pas commandées, comme les miracles dans lefquels la puiffance feule de Dieu agit, ou les voyes fublimes des confeils Evangéliques, dans lefquelles une grace diftinguée conduit & foutient certains Elus. Perfonne ne peut s'y tromper. Le voici.

C'eft qu'il n'en coûte rien aux paffions pour admirer un certain merveilleux. Quand la certitude des faits ne donneroit aucun avantage aux critiques, elle ne fait toujours parmi les Fideles, que de fimples admirateurs des merveilles du Seigneur ; mais il n'en feroit pas ainfi fi nous n'étions pas ingénieux à nous féduire nous-mêmes, lorfqu'il s'agit de notre falut, c'eft-à-dire, fi nous féparions de la vie des ferviteurs de Dieu, comme il eft néceffaire, les vertus, des miracles, la fidélité avec laquelle ils ont accompli la Loi de Dieu, de la pratique de certaines vertus fublimes, héroïques, à laquelle plufieurs font parvenus.

Si nous étions assez éclairés & assez sincères pour distinguer ce qu'un Juste mort en odeur de sainteté a fait comme Religieux, comme Prêtre, comme Evêque, comme Homme public, de ce qu'il a fait comme Chrétien, comme Disciple de Jesus-Christ, alors nous serions persuadés que nous devons & pouvons l'imiter dans son obéissance à la Loi, & dans la pratique des trois Vertus Théologales.

La vie du grand saint Martin de Tours est une vie remplie de miracles; cependant, dit saint Bernard, il doit être notre modéle; je ne dis pas, dit ce Pere, dans ce que vous ne pouvez qu'admirer, comme dans les prodiges que la puissance de Dieu, qui agissoit en lui, opéroit continuellement, mais dans la pratique des vertus Chrétiennes; vous pouvez, & vous devez imiter sa douceur, sa fidélité à la grace, son obéissance à la Loi, sa soumission à l'Eglise, son horreur pour le Schisme, sa charité envers les Pauvres, son détachement de la terre.

Sermon sur la Fête de S. Martin, n. 12.

Mais sans parler des Saints qui sont déja glorifiés, je dis que la vie Chrétienne des personnes qui vivent sous nos yeux, condamne les mondains ; car ils l'admirent, & ne peuvent s'empêcher de la respecter. Or ce ne sont point des actions extraordinaires qu'ils admirent dans un Juste de leur état, de leur âge ; c'est l'innocence de ses mœurs, son détachement du monde, sa fidélité à accomplir la Loi, son recueillement dans nos Temples, sa dévotion tendre & sincere, le soin qu'il a de purifier souvent sa conscience, & de nourrir son ame du Corps de Jesus-Christ, son amour pour les Pauvres, sa mortification, son exactitude dans le commerce & dans les acquisitions, sa patience dans les souffrances, sa soumission dans les adversités, son goût pour les choses du Ciel, & sa confiance aux approches de l'éternité.

Or ces vertus que les mondains mêmes admirent, ne sont point des miracles, des actions extraordinaires, ce sont des vertus commandées, des vertus que l'homme peut pratiquer avec la grace dans quelque état que la Providence l'ait placé, des vertus néceſſaires au ſalut. Elles n'étonnent le monde que parce qu'il eſt oppoſé à l'Evangile.

Oui, il eſt certain que nous pouvons imiter ce Juſte, dont nous louons la ſainteté, dont la mort eſt précieuſe, & dont nous deſirons le ſort, puiſque ce n'eſt pas parce qu'il a été un homme de miracles que nous le préſumons bienheureux, mais parce qu'il a été un homme de pieté, de foi, de charité.

Nous n'y penſons pas quand nous louons la pieté d'un Juſte, ſans condamner notre indévotion, quand nous eſpérons une mort ſemblable à la ſienne, ſans vivre comme il a vêcu; ou il faut prendre ce Juſte pour modele, ou il faut oſer aſſurer qu'il en a trop fait, & qu'il auroit pû opérer ſon ſalut, en vivant comme nous plus au large.

Cette réflexion, qui eſt juſte & ſolide, doit nous faire ſentir l'utilité des exemples de pieté que la

Providence nous donne dans la corruption même du siecle. La vie d'une pieuse Fille qui a porté la pratique des vertus Chrétiennes à un certain héroïsme, condamne la vie de tous ceux qui vivent au gré de leur penchant. Si nous avions de la foi, nous trouverions des traits plus intéressans & plus dignes de notre admiration dans la vie des serviteurs de Dieu, que dans celle des héros du monde.

VIII. Ce n'est qu'aux yeux du monde qu'une vie sainte ne paroît pas intéressante.

Je sçai qu'il faut penser du salut comme Jesus-Christ en a pensé, pour s'intéresser à la vie de ceux qui ont fait tous leurs efforts dont ils étoient capables, afin d'en assurer le succès. Il faut regarder la conquête du Ciel comme ce qu'il y a de plus grand, de plus important, de plus précieux, pour louer la sagesse de ceux qui l'ont préféré à la conquête du monde entier. Il faut être persuadé d'une éternité bienheureuse ou malheureuse, & s'en occuper, pour admirer la prudence de ceux qui ont tout souffert & tout sacrifié dans le temps, pour être heureux dans l'éternité,

Il faut être détaché de la terre, s'y regarder comme étranger, y gémir, soupirer après la céleste patrie, pour se réjouir dans la pauvreté, les abaissemens, les injures, pour se dérober aux honneurs, aux places, aux applaudissemens.

Il faut aimer Dieu, goûter des douceurs & des suavités à son service, des délices dans la lecture des Livres saints pour courir avec allégresse dans la voye des Commandemens, pour trouver le fardeau de l'Evangile léger, la Croix aimable & consolante.

Ce n'est qu'aux yeux de la foi que s'offrent tous ces avantages de la pieté, toutes ces merveilles d'une pieté tendre & sincere; elle seule s'intéresse à la vie des serviteurs de Dieu. Or il n'est pas étonnant que la vie la plus sainte paroisse aux mondains un sujet peu intéressant à traiter, le salut est ce qui les occupe le moins, & tout ce qu'il y a de grand dans une ame qui se sanctifie au milieu du monde, est à leurs yeux inferieur aux succès de ceux qui s'enrichissent ou s'avancent dans la carriere des honneurs.

Selon Jesus-Christ les Justes ravissent le Ciel qui souffre violence. Ce sont de généreux Athletes qui combattent toute leur vie pour obtenir une couronne immortelle, & le monde les regarde comme des hommes foibles, simples, inutiles, qui ne méritent pas de place dans l'histoire du siecle où ils ont vécu. On diroit, à les entendre décider du mérite des Justes, qu'il n'y a que les exploits militaires, les victoires ensanglantées, les succès de la politique, de la nouveauté qui méritent d'être racontés, comme si dans le service de Dieu il n'y avoit pas des héros, comme dans le service du Prince, & celui du monde.

Le Saint Esprit raconte les exploits de Josué, de Gédeon, des Macchabées; mais il raconte aussi les vertus de Tobie, de Job, & des Justes qui ont marché en la présence de Dieu.

Sans ravir la gloire de ceux qui sont utiles à la patrie, on peut louer & admirer ceux qui remportent des victoires sur leurs passions; le monde, & le démon, & je ne comprends pas comment avec de la foi on peut regarder la conquête du Ciel comme un succès peu intéressant, & dont on ne doit pas s'occuper singulierement.

Tel est cependant l'esprit du monde : car c'est ce que l'on veut nous faire entendre lorsqu'on nous dit qu'une vie qui n'offre que des vertus Chrétiennes, n'est pas intéressante, & qu'elle ne doit pas être transmise à la postérité, qu'il faut des anecdotes curieuses, des négociations importantes, des évenemens extraordinaires, des établissemens considérables, des succès éclatans, des scenes singulieres, pour exciter la curiosité, & rendre une histoire intéressante. En pensant ainsi, on prouve qu'on n'est occupé que de ce qui amuse, flatte, & attache à la terre, & qu'on ne trouve point de grandeur dans les actions des Saints, comme dans celles des héros du monde.

Ce qui est grand aux yeux de Dieu, doit l'être certainement aux yeux de la foi. Or le Juste seul dans quelque

état

état qu'il soit, est grand aux yeux de Dieu.

Pourquoi Dieu s'occupoit-il avec complaisance de son serviteur Job, & le proposoit-il comme un modele de perfection au Demon même? Est-ce parce qu'il étoit riche, distingué parmi les Orientaux? Non; est-ce parce qu'il s'étoit rendu célebre par sa politique, sa valeur, des entreprises, des succès d'éclat? Non; c'est parce qu'il étoit Juste, qu'il craignoit son Dieu, qu'il le servoit & le bénissoit dans l'adversité comme dans la prospérité ; c'est parce que ses victoires étoient d'autant plus admirables, qu'il combattoit contre lui-même, le monde & le démon ; il étoit grand, parce que servir Dieu, c'est regner.

C'est donc ma foi qui me découvre toute la grandeur d'une ame qui conserve son innocence dans la corruption du monde, qui aime son Dieu, qui le sert dans ses membres souffrans, & dont l'amour pur & constant surmonte tous les obstacles que le monde met à son salut, & aux

D

saintes entreprises de son zele.

C'est cette grandeur de foi, de piété, de soumission, de patience, de charité que j'ai admirée dans la Sœur Bony qui m'a comme imposé l'obligation d'écrire sa vie, pour m'édifier, & édifier les Fideles.

IX.
La vie de la Sœur Bony offre des vertus dignes de notre admiration.

La vie que j'écris est celle d'une ame que Dieu a prévenue de ses plus douces bénédictions, & que sa grace a soutenue dans la carriere des vertus Evangéliques. Dans toute la longueur de ses jours il n'y a point de ces fautes qui annoncent l'égarement du cœur, l'affoiblissement de la foi, l'oubli de Dieu, le goût du monde; elle n'a point vécu sans péchés, parce qu'elle avoit un corps, des penchans, & que les plus justes tombent dans des fautes que la fragilité humaine rend communes à tous les enfans d'Adam.

Mais le saint Esprit nous apprend ce que nous devons penser des fautes qui échappent aux Justes, & dont la très-Sainte & Immaculée Mere de Dieu seule a été exempte, comme l'a enseigné saint Augustin, & comme l'a défini le saint Concile de Trente. *S. Augus-* Le Juste ne perd point le nom de *tin, livre* Juste, quoiqu'il tombe plusieurs fois, *de la natu-* parce que ses fautes sont légeres, *re & de la* parce qu'elles lui échappent, parce *grace, ch.* qu'il en gémit & en fait pénitence. *36. Concile* Le Juste abandonné à lui-même, est *de Trente,* foible, c'est dans les fautes qui lui *Session 6.* échappent qu'il sent sa misere & le *can. 20.* besoin qu'il a de la grace.

4. Livre
Elie dans les mains de Dieu est un *ch. 19 v.* homme tout divin, son zele est aussi *3. & 4.* ardent que le feu ; il embrase les cœurs, il éclaire, il éclate, rien ne lui résiste ; les Rois coupables, les faux Prophetes le redoutent, par-tout il est au-dessus de l'homme ; mais Elie seul, abandonné à lui-même, éprouve combien il est foible de son propre fond ; la crainte s'empare de son esprit, il redoute la fureur de Zezabel ; il se cache dans la solitude, il ne peut plus supporter la vie, & conjure le Seigneur de le retirer d'un monde corrompu, où les Justes sont persécutés.

Ainsi y a-t-il dans les plus grands serviteurs de Dieu des temps où ils

D ij

paroissent ce qu'ils sont de leur propre fond, foibles, fragiles. Leur haute pieté prouve la bonté d'un Dieu qui les aide, les soutient, & les fait persévérer dans la justice ; leurs fautes, leurs imperfections, certains momens de langueur ou d'émotion prouvent qu'ils sont hommes, & par conséquent fragiles.

C'est la grace qui est le principe des vertus que nous admirons ; c'est la nature corrompue par le péché qui est le principe de toutes les fautes & de toutes les imperfections que les Justes déplorent & détestent dans l'amertume de leur cœur.

Quelque édifiante, quelque pure, quelque sainte qu'ait été la vie de la Sœur Bony, elle avoit toujours des fautes & des imperfections à déplorer.

Les ames pures apperçoivent les plus petites taches, les défauts les plus légers, parce qu'elles ont une conscience exempte de ces pechés qui y répandent des ténebres, & y excitent des troubles. Un cœur où regne la divine charité, déteste jusqu'aux apparences du mal. Quand on s'examine sous les yeux d'un Dieu très-saint, qui trouve des taches dans ses Anges même, on découvre des fautes & des imperfections : les mondains ignorent cette attention des Justes à s'examiner & à s'accuser, c'est pourquoi ils sont étonnés de ce qu'ils se confessent si souvent, & de ce qu'ils mettent tant de temps à se confesser.

Mais malgré les fautes & les imperfections des Justes, leur vie est toujours une vie pure, innocente, remplie de bonnes œuvres ; leur mort séparée du péché est une mort précieuse, & c'est ce que nous pouvons dire aussi de la Sœur Bony. Elle offre aux Fideles, & sur-tout aux Filles de la Charité, des exemples d'une pieté, d'une foi, d'une charité, d'un zele capables de les animer dans la carriere de la Sainteté.

Peut-on ne pas édifier les Fideles en leur montrant la Sœur Bony toujours unie à son Dieu, toujours soumise à sa volonté, toujours uniquement occupée à lui plaire, toujours embrasée des ardeurs de la charité, en leur disant que dans le grand nombre d'années qui a formé la longueur de ses jours, on ne découvre en elle que des accroissemens de piété, de foi, de charité, de zele pour le soulagement des pauvres, & jamais d'intervalles obscurcis par la tiédeur, l'inaction, le goût du monde, le dégoût de son état.

Peut-on offrir aux Filles de la Charité un modele plus parfait d'une humble & fervente servante des pauvres, soit qu'elles la considerent avant son entrée chez les Filles de Saint Vincent de Paule, soit qu'elles la considerent dans le temps destiné parmi elles aux épreuves, soit qu'elles se représentent ce qu'elle a fait pour le salut & la subsistance des pauvres dans les différentes places qu'elle a remplies, n'auront-elles pas des exemples de vertus qui leur sont nécessaires pour se sanctifier & être utiles. Pour moi j'ose assurer qu'elles seront telles que leur saint Fondateur le desiroit, dès qu'elles feront ce qu'à été la Sœur Bony. Les personnes qui se sont sanctifiées dans notre état, sont des modeles précieux, il nous est important de les imiter.

Fin du premier Livre.

LA VIE

LA VIE
DE
LA SŒUR BONY.

LIVRE SECOND.

SOMMAIRE.

I. *Sa naissance, son éducation, son goût pour la pieté* II. *Sa mere la voue au blanc jusqu'à l'âge de treize ans, sa tendre dévotion à la Sainte Vierge dès son enfance.* III. *Avec quelle foi & quel amour elle fait sa premiere Communion, les fruits qu'elle en tire.* IV. *Elle se livre à tout ce qui peut exciter la pieté, l'entretenir, & la faire pratiquer aux autres.* V. *Pour s'é-*

SOMMAIRE.

prouver avant d'entrer chez les Filles de la Charité, elle visite les malades, elle sert les pauvres, & ensevelit les morts. VI. *Elle entre dans la Communauté, ses parens consentent à son départ pour répondre à sa vocation.*

I. Sa naissance.

LA Sœur Bony nâquit l'année mil six cent quatre-vingt-quatre, le cinq du mois de Mai, dans la Ville de Lezoux, située dans la Limagne d'Auvergne, du Parlement de Paris, de l'Intendance de Riom, à quatre lieues de Clermont, qui est la Ville Episcopale. Ce Pays, selon tous les Historiens, est fertile, beau; l'air y est serein, & est un des plus agréables Cantons de l'Auvergne.

Son pere s'appelloit Pierre Bony, & sa mere Marie Trebuchet. Ils étoient du nombre des Bourgeois de cette Ville qui vivoient aisément; mais ce qui les distinguoit parmi leurs concitoyens, c'étoit leurs vertus chrétiennes, leur foi, leur dévotion, leur charité pour les pauvres. Sans être dans l'opulence, ils étoient souvent la ressource des malheureux, & selon la remarque qu'en a faite la pieuse Fille, dont j'écris la vie, Dieu les bénissoit si visiblement, que les aumônes qu'ils faisoient, ne les mettoient point à l'étroit.

Quelle pieuse éducation ne devons-nous pas nous représenter de la part des parens qui craignent le Seigneur, & le servent; autant les mauvais exemples des parens mondains portent les enfans à la licence & à l'in-dévotion, autant les exemples des parens vertueux les portent à la sagesse & à la pieté.

Les parens de la Sœur Bony s'occupoient plus de son salut, que de sa fortune; ils l'élevoient pour Dieu, & non pour le monde, & sans décider de son état, ils vouloient qu'elle fût dans le monde, sans être du monde.

Aussi-tôt après sa naissance ils l'avoient fait porter à l'Eglise pour y être régénérée dans les Eaux sacrées du Baptême. On lui donna pour Patron, c'est-à-dire, pour modele, le grand François d'Assise, Patriarche des pauvres. Quel honneur ne lui a-t-elle pas porté toute sa vie? avec quelle confiance n'imploroit-elle pas son crédit auprès de Dieu? avec quelle dévotion ne célébroit-elle pas sa mémoire avec l'Eglise le quatre d'Octobre? Mais ce qu'il y a de plus édifiant & de plus admirable, avec quel zele & quelle persévérance n'a-t-elle pas marché sur ses traces? La pauvreté a toujours été honorable à ses yeux, & les pauvres lui ont toujours été précieux.

A mesure que la raison de la jeune Françoise se développoit, sa mere lui donnoit des leçons de pieté: elle lui rappelloit les engagemens de son Baptême, elle lui parloit de Dieu & de sa destinée éternelle, elle lui disoit que nous n'étions sur la terre que pour faire notre salut, & que pour combattre contre les ennemis de notre bonheur futur, le monde, la chair, & le démon.

Si tous les parens donnoient ces salutaires leçons à leurs enfans, le monde ne les séduiroit pas si aisément, & l'innocence dans la jeunesse ne seroit pas auſſi rare qu'elle l'eſt de nos jours ; mais on parle aux enfans, du monde, avant de leur parler de Dieu, on leur fait une néceſſité de lui plaire, on ne leur parle pas de la néceſſité de le mépriser ; on leur fait redouter la pauvreté, on ne leur inſpire pas l'horreur du péché.

Il eſt vrai qu'il y a des enfans qui ne répondent point à une éducation Chrétienne, comme il y en a qui prennent le parti de la pieté malgré les coupables exemples des parens irréligieux ; mais il n'en eſt pas moins certain que quand l'attention, la ſageſſe, la foi, la pieté préſident à l'éducation qu'on donne aux enfans, il reſte dans les plus diſſipés des impreſſions qui ſont un préſervatif contre la ſéduction du ſiecle.

Les parens de la Sœur Bony l'éleverent comme ceux de Suſanne, ſelon la Loi du Seigneur. C'étoit cette Loi ſainte qu'ils lui apprenoient, non les uſages & les maximes du monde : ils lui diſoient, comme le juſte Tobie à ſon fils, qu'on étoit bien riche dans la pauvreté même, quand on craignoit le Seigneur, & que l'on conservoit sa foi & son innocence dans le monde. La jeune Françoise ne voyoit rien, & n'entendoit rien dans la maison paternelle qui ne la portât à la pieté. On y faisoit de ferventes prieres, de saintes lectures; on y étoit soumis à l'Eglise Catholique; on n'y parloit qu'avec respect des premiers Pasteurs, & des Prêtres; on y cherchoit Dieu, & on ignoroit heureusement ce que trop de Chrétiens se flattent aujourd'hui de sçavoir, l'art de disputer de Dieu, contre Dieu même.

Je prie mes lecteurs d'être persuadés que le portrait que je trace ici des parens de la Sœur Bony, n'est pas un portrait d'imagination, & que je n'exagere pas leurs vertus, quand je les loue comme des Chrétiens d'une rare pieté, je parle d'après la Sœur Bony, c'est elle-même qui m'a dépeint la pieté de ses parens, & je supprime même certains faits qu'elle m'a racontés, qui nous en donneroient une plus haute idée;

mais je me suis fait un principe d'édifier dans cet Ouvrage par le récit des vertus Chrétiennes, & de ne pas exciter une admiration stérile par des faits merveilleux, qui n'ont aucune autorité quand l'Eglise ne les a pas avoués.

Dans le récit naïf qu'elle me faisoit de son enfance, il m'étoit aisé de conclure que les exemples de ses parens faisoient de salutaires impressions sur son jeune cœur, & que le Seigneur dans sa miséricorde la conduisoit comme par la main, dans les sentiers de la justice.

Elle avoit un goût pour la pieté, un penchant pour les bonnes œuvres, un desir du Ciel, qui ne pouvoient être que les fruits d'une grace de salut qui la prévenoit, qui s'en emparoit de bonne heure, & à laquelle elle a été heureusement fidele jusqu'à la fin.

Dans son enfance, comme le jeune Tobie, elle ne faisoit rien de ce que font les autres enfans; le jeu, les bagatelles, les plaisirs de son âge n'avoient aucun attrait pour elle; elle n'aimoit que les exercices de la Religion, elle ne se plaisoit que dans les Communautés. Ce fut pour la soutenir dans la carriere de la pieté, & pour avoir une puissante protectrice au milieu d'un monde séducteur, que sa mere lui inspira la dévotion à la très-Sainte Vierge qu'elle a honorée toute sa vie d'une maniere particuliere.

II.
Sa mere la voue au blanc.

Comme il n'y a jamais eu de solide pieté sans la dévotion à la Mere de Dieu, je ne rapporte pas comme une merveille la tendre, fervente & constante dévotion de la Sœur Bony à la Sainte Vierge, mais j'en parle comme d'un acte de pieté qui a toujours caractérisé dans l'Eglise Catholique la vraye Sainteté.

Nous n'honorons point de Saints dans l'Eglise qui n'ayent eu une singuliere dévotion à Marie, & qui n'ayent respecté toutes ses prérogatives. Les plus saints & les plus célebres Docteurs ont défendu le culte particulier que l'Eglise lui rend contre les chicanes & les blasphémes des hérétiques. La foi & la pieté ont été suspectes dans tous ceux qui se sont soulevés contre les honneurs que nous rendons à la Mere du Rédempteur, & contre la confiance que nous avons dans sa puissante intercession.

Mais quoique tous les Chrétiens soumis & religieux reverent, selon l'esprit de l'Eglise, celle qui ne voit dans le Ciel que Dieu seul au-dessus d'elle, & qu'ils implorent son secours dans leurs prieres, il faut avouer qu'il y a eu des Saints, des ames pieuses, & des Congrégations entieres qui ont porté cette dévotion à un degré éminent, & qui se sont distinguées dans le culte qu'ils rendoient à Marie par une dévotion tendre & publique. Saint Ambroise, Saint Bernard, Saint Bonaventure, Saint Jean Damascene, *Parmi les Peres de l'Eglise.* ceux qui portent ses livrées ; qui récitent son Office, qui se confessent & communient les jours consacrés à son culte parmi les *Parmi les Chrétiens.* Communautés Religieuses, celles qui sont établies particulierement sous sa protection, & pour honorer singulierement certains Mysteres ausquels elle a eu part en certaines prérogatives qu'elle a reçues, comme l'Ordre des Carmes, de la Visitation, des Annonciades, & plusieurs autres.

La mere de la Sœur Bony étoit du nombre de ces ames pieuses, qui ont une singuliere dévotion à la Mere de Dieu, & elle l'inspira à sa Fille dès son enfance.

Elle la voua au blanc jusqu'à l'âge de treize ans, c'est-à-dire, qu'elle la mit sous la protection de Marie d'une maniere particuliere, en lui faisant porter ses livrées, & l'engageant par là à l'honorer, à l'invoquer souvent, & à lui plaire par des mœurs pures & innocentes.

Les motifs de cette pieuse mere étoient différens de ceux de certains parens, qui ne se déterminent à cet acte public de pieté, que pour conserver les jours d'un enfant dont la santé est chancellante, qui ne lui font porter les livrées de Marie pendant quelques années, que pour leur faire porter ensuite le fardeau des vanités mondaines, & qui ne l'offrent à Dieu dans l'enfance, que pour être en état de l'offrir au monde dans les beaux jours de la jeunesse.

Le salut de la jeune Françoise étoit ce qui occupoit sa pieuse mere; & pour lui obtenir les graces dont elle avoit besoin dans un monde qui livre continuellement des combats à l'innocence & à la foi, elle la voua à celle qui est le canal par lequel Dieu se plaît de les faire couler sur nous d'une maniere particuliere.

La Sœur Bony, comme elle me l'a dit plusieurs fois, se sentoit de jour en jour une nouvelle ardeur pour cette dévotion; elle se prosternoit souvent devant l'Image de la Sainte Vierge: elle imploroit avec confiance son secours; son cœur, où regnoit un amour pur des biens célestes, & une haine souveraine du péché, s'entretenoit avec elle, son langage étoit tendre, mais animé par la foi & la charité. Son unique desir étoit de plaire à son divin Fils, c'est pourquoi elle la prioit de lui obtenir les vertus qui rendent une ame agréable à ses yeux.

Elle m'a assuré qu'elle avoit été plusieurs fois protégée d'une maniere extraordinaire dans de grands dangers par cette Mere de miséricorde, & je ne supprime ici le récit & le détail d'une faveur singuliere qu'elle en a reçue dans un accident qui menaçoit ses jours, que pour ne rien dire, comme je l'ai promis, des faits que l'Eglise seule doit examiner & nous proposer.

La dévotion à la Sainte Vierge ne fut pas dans la Sœur Bony une dévotion passagere, comme il arrive souvent dans les jeunes personnes, que l'exemple entraîne encore plus facilement dans un âge où elles sont à portée d'en avoir de très-dangereux. Toute sa vie elle a eu recours à Marie, a travaillé à étendre son culte, & à exhorter ceux qui l'écoutoient, & celles qui demeuroient avec elle, à l honorer, & à mettre leur confiance dans sa charité pour les hommes, & son crédit auprès de Dieu. Elle mettoit avec une foi vive & une confiance chrétienne, en pratique cet avis de Saint Bernard dans les dangers, dans les peines, dans les combats que le monde nous livre :

» Recourez à Marie, invoquez Ma-
» rie, appellez Marie à votre fe-
» cours ».

Elle alloit plusieurs fois se présenter devant l'Image de sa sainte Mere, comme elle l'appelloit, elle lui recommandoit le succès de son salut, les pauvres qu'elle voyoit sans ressource, & qu'elle ne pouvoit plus faire subsister que par des secours extraordinaires.

Les ressources que la Providence lui procura dans le moment où tout lui manquoit de la part des hommes, prouvent que la Sainte Vierge la protégeoit, & que ses prieres lui étoient agréables.

On ne doit pas être étonné que je confonde ici les faits, en rapportant ce qui lui est arrivé dans sa Supériorité à Saint Germain, avec ce qui lui est arrivé dans sa jeunesse. Il s'agit de sa dévotion envers Marie, dont je devois donner une idée à mes lecteurs, en leur apprenant qu'elle en avoit levé l'étendart dès son enfance même, & je ne pouvois pas leur en donner une plus juste, qu'en leur disant qu'elle fut toute sa vie, tendre, éclairée, constante,

Homélie 2. sur ces paroles : Un Ange fut envoyé, n. 17.

La mere de la Sœur Françoise lui apprenoit à honorer la Sainte Vierge, comme la Mere d'un Dieu Sauveur; aussi cette dévotion faisoit-elle naître dans son cœur un desir ardent de s'unir à Jesus-Christ par la réception de son Corps & de son Sang. Bien-tôt elle fut satisfaite, on l'admit à la premiere Communion.

III.
Sa premiere Communion.

Ces Enfans que Jesus-Christ laissoit approcher de lui, qu'il bénissoit, qu'il embrassoit même, ne nous doivent pas faire penser que l'enfance qu'il aime, est précisément cet âge où la racine de l'homme est enveloppée, où il ignore ce qu'il est, & ce qu'il deviendra, & où le jeu & les frivolités l'amusent & l'occupent; c'est leur innocence, leur candeur, leur soumission, la beauté de leur ame qui n'a pas été encore souillée par les péchés qui lui donnent la mort; c'est dans ce seul sens qu'il nous fait un précepte de devenir semblables aux petits enfans, pour entrer dans le Royaume des Cieux.

Les enfans que l'Eglise permet & ordonne même d'admettre à la première Communion, doivent, avec l'innocence des mœurs, être instruits, sçavoir discerner le Corps de Jesus-Christ de toute autre nourriture, avoir un grand desir de le recevoir comme l'auteur de la grace & de la vie, craindre de ne pas le recevoir dignement, & redouter la profanation d'un si auguste Sacrement.

Nous ne pouvons pas douter que ce Dieu Sauveur ne se plaise dans le cœur de ce jeune enfant, qui est pur, qui n'a pas encore été ouvert au monde, & que le zele des Ministres du Sanctuaire a préparé à une grande action ; mais on ne peut pas disconvenir que parmi les enfans que l'on fait asseoir pour la premiere fois à la Table Sacrée, il y en a en qui la grace opere de certaines merveilles, dont la pieté est plus tendre, la foi plus vive, le desir plus ardent, l'amour plus généreux, & ausquels l'Agneau immolé donne des bénédictions plus abondantes, & des fruits plus précieux & plus durables. La Sœur Bony fut de ce nombre.

Sa premiere Communion ne l'occupa pas comme les autres enfans : elle ne regarda pas cette grande action comme une cérémonie qui la donnoit en spectacle au monde, qui satisfaisoit ses parens, qui la séparoit des enfans, la mettoit au rang des grandes personnes, & lui donnoit la liberté de se souftraire quand elle voudroit aux Instructions de sa Paroisse. Elle se représentoit, comme elle me l'a dit, son Dieu, son Sauveur, son juge. De-là cette religieuse frayeur, cette crainte de n'être pas assez pure, ces préparatifs pour purifier son ame, & l'orner des plus belles vertus, ces prieres ferventes, ces sentimens sinceres de sa misere, ces soupirs, ces larmes.

Les justes idées qu'elle concevoit de la grandeur du Mystere de nos Autels, ne la porterent pas à s'en éloigner. Elle sçavoit dès sa jeunesse, comme je lui ai entendu dire plusieurs fois, que la confiance s'accorde avec le respect, quand il s'agit de recevoir Jesus-Christ : qu'il ne nous auroit pas fait un précepte
de

de communier s'il n'eût consulté que notre dignité, & n'eut point consulté son amour.

En approchant de la Sainte Table pour la premiere fois, une sainte frayeur s'étoit emparée d'elle; il est vrai : le grand objet que sa foi lui représentoit, la saisit, elle fut émue, & comme ravie hors d'elle-même; mais dès qu'elle eut reçu le Dieu de son cœur, elle éprouva un merveilleux changement; il fut comme embrâsé d'un feu tout divin; alors dans un saint repos, & comme abîmée dans la présence de son Dieu, elle goûtoit des douceurs & des suavités qu'elle nommoit dans la suite les délices du Banquet Sacré. Elle demeura quelque temps dans le silence, mais son silence étoit le langage de l'admiration, de la reconnoissance, de l'amour; elle se reposoit à l'ombre de son bien-aimé, & elle goûtoit combien il est doux à ceux qui l'aiment, & mettent en lui leur confiance.

Je sçai qu'on pourroit me répondre ici qu'il y a des enfans qui éprouvent ces saisissemens, ces mouvemens tendres à leur premiere Communion, qu'on en voit même plusieurs répandre des larmes, & que ce que je releve dans la premiere Communion de la Sœur Bony, lui est commun avec beaucoup d'autres enfans. Mais je réponds que dans plusieurs de ces enfans, c'est une dévotion passagere, une émotion causée par les justes idées du Sacrement de l'Eucharistie qu'on leur a données dans les instructions par l'appareil du sacrifice, & la nouveauté de la grace qu'ils reçoivent, au lieu que dans la Sœur Bony les fruits qu'elle a tirés de sa premiere Communion, nous authorisent à penser que sa pieté étoit tendre & sincere, sa foi vive & victorieuse de tous les voiles qui cachent Jesus-Christ aux yeux du corps, son amour ardent & saintement impatient de s'unir à son divin Epoux.

Le desir de communier ne fut pas passager dans cette pieuse Fille, une Communion la préparoit à une autre ; la seule peine qui l'auroit affligée, auroit été la privation d'une fréquente Communion; elle ne goûtoit point d'autres délices que celles que goûte l'ame, qui aime Dieu, à la Table Eucharistique: toute sa vie elle a communié les jours que ses Directeurs lui marquoient, ou que sa regle lui permettoit; comme les premiers Chrétiens, son unique douleur étoit d'être privée du Corps de Jesus-Christ. J'ai été témoin de sa tristesse & de ses gémissemens lorsque l'infirmité l'empêchoit d'aller recevoir Jesus-Christ. Je ne m'étends pas davantage, parce que je ne veux pas anticiper le détail édifiant de sa derniere maladie. Je ne parle encore que des fruits de sa premiere Communion, qui la fit entrer avec zele dans la carriere des vertus Chrétiennes, & posa comme les fondemens de cette haute perfection à laquelle elle est parvenue.

La jeune Françoise, après sa premiere Communion, ne forma point d'autre projet que celui de se donner entierement à celui qui s'étoit donné tout à elle. Sa foi aussi vive

IV. Sa pieté.

F ij

que celle des premiers Chrétiens, la fit triompher de tout ce qui pouvoit partager son cœur. Elle ne regarda point la terre comme un lieu où elle devoit s'établir, mais comme un lieu où elle devoit se sanctifier. Ses pieux parens ne la gênerent pas, & après lui avoir représenté qu'on pouvoit contracter des engagemens innocens sur la terre, & faire son salut dans le mariage, comme dans le célibat, ils lui donnerent la liberté de se livrer aux exercices de pieté, pour lesquels elle avoit un goût décidé, & ausquels la grace la portoit avec cette douceur qui fait admirer ses charmes, aussi-bien que la fidélité de l'ame qui s'y soumet.

Elle se méfioit d'elle-même ; elle redoutoit les impressions que fait un monde d'amis, & craignoit ce déchec de pieté que souffrent les serviteurs de Dieu même dans le commerce du siecle ; c'est pourquoi elle employa tous les moyens les plus capables d'exciter la pieté, de l'entretenir, & de la faire pratiquer aux autres.

La prière, les lectures, la méditation étoient ses exercices ordinaires. Toujours occupée, agissante, elle étoit utile à ses parens; elle n'étoit pas oisive; elle n'étoit pas dans le saint Temple lorsqu'elle étoit nécessaire dans sa famille: elle sçavoit allier l'office de Marthe avec celui de Marie; & comme c'étoit la Religion, & non le goût ou le caprice qui mettoit l'ordre dans ses occupations, on ne la vit jamais empressée, quoique toujours occupée.

La prière est le lien qui unit la créature avec le créateur; la prière d'une ame pure monte jusqu'au Trône de Dieu, & la grace en descend pour l'aider, la soutenir. La Sœur Bony qui n'ignoroit pas cet avantage, avoit recours à cet exercice; elle entretenoit par ses ferventes prieres un saint commerce avec son Dieu, & comme il accorde à ceux qui demandent, qu'il ouvre à ceux qui frappent, & qu'il se présente à ceux qui le cherchent, quelles graces n'obtenoit pas du Pere de famille cette pauvre Fille, vivement pénétrée de sa misere, & qui frappoit sans cesse à la porte du Ciel ?

La lecture des Livres de pieté ne contribuoit pas peu à l'entretenir dans les saintes résolutions qu'elle avoit formées. Parmi les Livres de pieté qu'elle pouvoit se procurer, après le Nouveau Testament & l'Imitation de Jesus-Christ, elle préféroit ceux qui respiroient une pieté tendre, dont la doctrine étoit pure, les leçons touchantes, les exemples de sainteté, de perfection capables d'engager aux bonnes œuvres, sans négliger les devoirs de son état.

J'ai sçu d'elle-même qu'elle n'avoit jamais voulu lire de ces Livres de pieté qu'on s'empresse de procurer au sexe, & sur-tout aux personnes qui ont levé l'étendart de la dévotion ; l'éloge qu'on lui en faisoit, lui étoit suspect, & ne la rassuroit pas contre les allarmes d'une foi humble & soumise, qui ne voit & ne parle que d'après l'Eglise.

Sa vie active, laborieuse ne lui permettoit pas de se livrer à d'autres lectures qu'à celles qui sont nécessaires

de la Sœur Bony. 71

pour nourrir l'ame ; c'est pourquoi elle disoit qu'il n'y avoit que la curiosité ou l'orgueil qui pût porter une Fille de la Charité à lire des Ouvrages d'érudition ou de controverse. Les lectures qu'elle faisoit, étoient convenables à son état de Chrétienne, de fille, d'une vierge qui veut nourrir son ame, & s'entretenir dans la pieté ; aussi a-t-elle toujours persévéré dans une dévotion tendre, une foi vive & soumise, l'amour de son Dieu, des pauvres & de la pauvreté.

Il ne faut qu'une lecture inutile, faite par curiosité pour causer un grand déchec dans la pieté d'une vierge, & l'exposer à un grand danger pour son salut. De nos jours la foi seroit plus humble, plus soumise, les mœurs plus pures, le respect pour les choses saintes plus grand, les Chrétiens ne lisoient que les livres qui peuvent entretenir la pieté, & que l'Eglise leur met dans les mains.

La Sœur Bony me disoit un jour, nous ne devons pas être étonnés de la corruption de notre siecle, les jeunes gens ont sous leurs yeux, & à leur disposition, dans la maison même de leurs parens, des Livres dangereux à l'innocence ou à la foi; la grande sainte Therese ne sentit-elle pas comme naître dans son cœur le goût du monde pour avoir donné quelques momens à la lecture des Romans?

Elle tiroit beaucoup de fruit de ses lectures spirituelles; mais c'étoit sur-tout dans la méditation des Mysteres de notre salut qu'elle sentoit naître des accroissemens de ferveur & d'amour. La miséricorde de son Dieu étoit ce qu'elle méditoit le plus souvent dans les momens qu'elle donnoit à ce saint exercice : Elle n'oublioit pas ses justices; elle se représentoit le Tribunal où nous sommes cités à notre mort; mais comme l'amour de Dieu étoit dominant en elle, c'étoit la Créche & le Calvaire, ces deux grands théâtres de l'amour de Jesus qu'elle se représentoit dans son Oraison; c'étoit dans ses méditations comme dans celles du Prophete,

que

que son cœur s'embrâsoit, & qu'il s'y formoit comme un incendie, des flammes du divin amour : il éclatoit même au dehors par le zele avec lequel elle travailloit au salut de ses compagnes. On peut dire qu'elle commença dès-lors une sorte d'Apostolat, qui n'a fini qu'à sa mort. Elle avoit un don pour parler de Dieu, de sa miséricorde, & des douceurs qu'on goûte à son service, qui charmoit, touchoit ceux qui l'écoutoient, & les portoit à la pieté. C'est dans les exercices des plus hautes vertus qu'elle conçut le dessein de se dévouer au service des pauvres, & d'entrer chez les Filles de la Charité; mais pour s'assurer de sa vocation pour cet état, autant qu'il lui étoit possible, elle s'éprouva dans la maison de ses parens, & fit dès-lors ce qu'elle devoit faire toute sa vie.

V. Elle visite & sert les Pauvres.

La prudence Chrétienne veut qu'on s'éprouve avant d'embrasser un état. Comme il s'agit d'y opérer son salut, il faut avoir lieu de présumer qu'avec la grace on en remplira fidelement les obligations.

G

On doit prier, confulter, mais comme nous ne devons pas nous attendre à une révélation extraordinaire, ce font les vertus & les talens propres à l'état que nous voulons embraffer, qui doivent nous raffurer & nous fixer. Il faut faire des effais du genre de vie que l'on doit mener toute fa vie.

Une ferveur paffagere, un goût de nouveauté, de changement, des vues humaines, la légereté, l'inconftance, font fouvent faire des démarches à une jeune perfonne, qui ne fervent qu'à la donner en fpectacle à la famille, à un monde d'amis, de voifins. Elle poftule, elle fupplie, elle eft admife aux épreuves; elle ne perfévere pas, elle rentre dans le monde; le prétexte qu'on apporte de fon changement, eft ordinairement un défaut de fanté; mais la vérité eft qu'on avoit embraffé trop légerement un état auquel on n'étoit pas propre, & auquel par conféquent on n'étoit pas appellé.

La Sœur Bony, malgré le goût, le penchant qu'elle avoit pour le fervice des pauvres, ne précipita pas son entrée chez les Filles de la Charité : elle en avoit formé le projet, & c'étoit certainement l'état où elle étoit appellée, parce que Dieu, en lui inspirant le dessein de se dévouer au service des pauvres, lui avoit donné les vertus, les talens nécessaires pour leur être utile dans le spirituel & le temporel. Cependant elle voulut s'éprouver ; elle se livra avec zele & avec amour à toutes les bonnes œuvres qui devoient l'occuper dans sa Congrégation, & l'on vit dans sa Ville, sous les habits modestes du monde, une Fille de dix-huit ans, visiter les malades, servir les pauvres, & ensevelir les morts.

On ne doit pas être étonné de la liberté que ses parens lui donnoient pour vaquer à tous ces pieux & charitables exercices, après le portrait que j'ai tracé de leurs vertus.

Le jeune Tobie marchoit sur les traces de son pere, quand il recevoit les étrangers, nourrissoit les pauvres, essuyoit les larmes des malheureux, consoloit ses freres dans la captivité, & rendoit les honneurs de la sépulture aux morts. La jeune Françoise marchoit sur les traces de sa mere, quand elle ouvroit son cœur à la compassion, & qu'elle préféroit les maisons de deuil aux maisons de plaisirs & de festins.

Elle avoit étudié toutes les obligations d'une Fille de la Charité, elle sçavoit qu'elle doit visiter les malades, servir les pauvres, & souvent dans les Hôpitaux exhorter les mourans, & les ensevelir. Elle se livra à tous ces saints exercices avec un zele, un courage, une foi & un succès qui la faisoit regarder dans Lezoux comme la ressource & la consolation de tous les malheureux.

Il n'y avoit que trois endroits dans la Ville où l'on pouvoit trouver la jeune Françoise, le saint Temple, la maison d'un malade, & la maison de ses parens. On l'auroit cherchée inutilement chez des voisins, des amis, des connoissances, dans des compagnies formées pour le délassement, la conversation ou le jeu; si elle n'étoit pas à l'Eglise, ou avec la mère, elle étoit auprès de quelque malade qu'elle fecouroit, qu'elle confoloit : elle étoit utile aux corps par les tendres foins qu'elle leur donnoit ; elle étoit utile aux ames par les chofes édifiantes qu'elle leur difoit : elle parloit fi bien de Dieu & de l'onction de la Croix, qu'elle faifoit aimer les fouffrances. Sa charité pour les malades n'avoit point de bornes, elle alloit vifiter les étrangers comme ceux qu'elle connoiffoit : fon zele héroïque dans ce genre lui faifoit braver même le danger des maladies contagieufes.

Il ne manque point de pauvres dans les Villes & les Bourgades, c'eft pourquoi elle avoit de quoi exercer fon zele dans Lezoux ; je dis fon zele, parce qu'il étoit plus étendu que fes facultés ; mais la charité eft ingénieufe, comme elle eft tendre & active ; elle plaide la caufe des malheureux auprès de ceux qui font aifés, c'eft ce que faifoit la Sœur Bony ; elle leur procuroit des fecours, elle les fecouroit elle-même. Leurs befoins l'occupoient, & on eut dit qu'elle étoit déja Fille de la Charité, aussi étoit-elle presque toujours avec les Sœurs établies à Lezoux pour le soulagement des pauvres, & l'instruction de la jeunesse.

Lorsqu'elle étoit à la campagne dans une des Métairies de ses parens, elle y remplissoit d'avance l'office d'une Fille de la Charité, elle assembloit de jeunes filles, elle les instruisoit, & sur-tout les portoit à la pieté par ses discours & par ses exemples. C'est ainsi qu'avec les pauvres, qu'auprès des malades, des agonisans, parmi les morts même elle faisoit tout ce qu'elle devoit faire dans la Congrégation des servantes des pauvres établie par Saint Vincent de Paule, aussi exécuta-t-elle avec courage & avec confiance le projet qu'elle avoit conçu d'y entrer.

VI.
Elle entre dans la Communauté.

L'amour est aussi fort que la mort, c'est pourquoi il rompt les liens les plus tendres, il sépare les enfans de leur pere & de leur mere, il les enleve à leurs amis, à leurs voisins, à leur patrie.

C'est l'amour Divin qui appelle la

jeune Françoise au service des pauvres ; rien n'est capable de la retenir. Point de sacrifice qu'elle ne fasse pour répondre à sa vocation : elle oublie la maison paternelle ; elle s'éloigne de ses parens qu'elle aime, qu'elle respecte, & auxquels elle est soumise : elle quitte le lieu de sa naissance, une Ville riante où elle avoit une societé de parens & d'amis sages & vertueux. Ce n'étoit point pour se ménager une ressource contre l'indigence, ou se dérober à une mere dure & fâcheuse ; ses parens vivoient aisément, avoient des revenus pour soutenir un état honnête, & avoient même plusieurs domestiques. Elle étoit chérie, & n'étoit point gênée dans ses exercices de pieté, puisque sa mere lui avoit tracé la route d'une dévotion tendre & solide ; mais Dieu avoit de grands desseins sur elle, elle y répond ; il préparoit une protectrice, une mere des pauvres ; elle se laisse conduire selon sa volonté adorable, déjà sa place dans le Carosse public est retenue, le jour de son départ est marqué.

Le Chriſtianiſme ne condamne point la tendreſſe des parens, quand ils n'abuſent point de leur autorité pour faire perdre la vocation de leurs enfans; le ſacrifice eſt plus grand, plus méritoire quand la foi immole les ſentimens de la nature pour répondre aux invitations de la grace. Or c'eſt cette immolation qui caractériſe la foi de la Sœur Bony, & celle de ſes parens. Elle aimoit ſon pere & ſa mere, elle en étoit aimée, c'étoit donc la foi, la fidélité à la grace, la ſoumiſſion à la volonté de Dieu qui adouciſſoient la douleur que devoit naturellement cauſer une ſéparation ſi entiere.

Trois choſes déterminerent ces pieux parens à conſentir au départ de leur Fille, 1°. Leur foi; ils ſçavoient que le ſalut eſt l'unique affaire importante, & que pour en aſſurer le ſuccès, il faut être où Dieu nous veut, par conſéquent que ce n'eſt pas aux parens à décider de la vocation de leurs enfans.

Bien éloignée de ces parens mondains qui ſemblent oppoſer leur autorité à celle de Dieu, en décidant en politiques, & selon une amitié toute charnelle, du sort de leurs enfans, en retenant dans le monde ceux qui ont du goût pour le Cloître, & en jettant dans le Cloître par artifice ceux qui voudroient rester dans le monde.

2°. Les épreuves que la Sœur Bony avoit faites pendant plusieurs années de la vie que doit mener une Fille de la Charité pour être utile & se sanctifier; elle ne faisoit que changer d'endroits pour les exercices: elle ne pouvoit pas être novice dans le service des pauvres & des malades, sa démarche n'avoit pour motif que de se fixer dans l'état où Dieu l'appelloit.

3°. L'approbation de son Confesseur, Directeur prudent & éclairé, qui l'avoit éprouvée, & qui leur dit, Dieu l'appelle au service des pauvres, & elle sera une Fille de la Charité telle que le saint Instituteur de la Communauté où elle va se rendre, la desire.

C'est ici que la foi Chrétienne

triomphe de la nature, & qu'elle immole à la volonté de Dieu ses sentimens les plus tendres & les plus innocens. La jeune Françoise se sépare de ses parens, des larmes innocentes coulent de leurs yeux en se quittant, mais la foi les essuya promptement ; les vrais Chrétiens sont des étrangers sur la terre qui gémissent dans le lieu de leur pélerinage, & qui ne veulent se réjouir que dans leur patrie, qui est le Ciel.

Le voyage fut heureux, la jeune Françoise le sanctifie par ses prieres, les élévations de son cœur, les exercices auxquels elle se livroit dans les heures du repos ; elle édifia ceux qui étoient dans la Voiture par ses discours touchans. On admiroit un esprit vif, juste, un don de parler de la pieté & des grandes vérités de la Religion, qui n'est pas commun dans les personnes de son âge. On en conçut de grandes idées. On la présenta à la mere de Monseigneur le Maréchal de Noailles, qui faisoit la même route. Cette Dame qui joignoit à une illustre naissance une rare pieté, affectionna la jeune Françoife, fut édifiée de fa réfolution, & fe déclara fa protectrice dans l'exécution de fon projet.

La Sœur Bony entra à la Communauté le vingt-trois Mai mil fept cent trois. Le vingt-quatre Madame la Maréchale fut la recommander au Général de la Miffion, & à la Sœur Supérieure Générale ; elle ne ceffa point, tant qu'elle vécut, de faire accueil à la Sœur Bony, de l'honorer de fon eftime, & de lui donner même des marques de fa confiance.

Fin du fecond Livre.

LA VIE
DE
LA SŒUR BONY.

LIVRE TROISIE'ME.

SOMMAIRE.

I. *La Sœur Bony est envoyée à l'Hôpital de Langres ; elle y reste six ans ; elle y eut des contradictions à souffrir, y fut dangereusement malade, & le bien qu'elle y fit, l'en fait regretter, lorsqu'on la changea.* II. *Elle est envoyée à Dijon, où sa patience est encore éprouvée par ceux qui n'avoient pas de zele pour le soulagement des pauvres, & le salut des ames.* III. *On l'appelle à Paris, on la nomme Infirmiere des jeunes Sœurs ; sa dévotion à Saint*

SOMMAIRE.

Vincent ; la grace qu'elle demande au Seigneur par son intercession. IV. *Elle est envoyée à Chaville, près Versailles, pour y faire l'Ecole. La Supérieure l'admire, la respecte, & décide qu'il lui faut une autre place pour exercer son zele.* V. *Elle est nommée Supérieure d'une Maison en Champagne dans une Paroisse à trois lieues de Troyes, où elle fait éclater le zele d'un Pasteur animé de l'Esprit de Dieu.* VI. *Elle demande permission à ses Supérieures d'amener ses Postulantes à Paris. On lui permet. On veut la renvoyer en Province ; M. Bonnet, Supérieur Général, s'y oppose. Les idées qu'il concevoit de la Sœur Bony.*

I. Elle est envoyée à Langres.

Dans le peu de temps que la Sœur Bony demeura à la Communauté de Paris, on s'apperçut qu'elle avoit toutes les vertus & tous les talens qui font une Fille de la Charité, telle que le saint Instituteur la desiroit. On découvrit ce fond de pieté, de foi, d'humilité, de zele, d'activité, de charité qui l'ont rendue utile & essentielle dans toutes les Maisons où elle a été envoyée.

L'établissement des Filles de la Charité, est certainement le plus utile que l'on pouvoit faire parmi des Chrétiens, qu'on ne devoit reconnoître pour les Disciples de Jesus-Christ, selon qu'il a dit lui-même dans son Evangile, qu'à l'amour du prochain, à la charité, & à la compassion envers les malheureux.

Il est un des principaux ornemens du triomphe de la charité de saint Vincent de Paule, il manquoit à la gloire de la Religion, à l'honneur de l'humanité, aux besoins des campagnes, à la satisfaction des Pasteurs. Aussi parmi toutes les bonnes œuvres de cet homme Apostolique, est-il regardé comme celle qui tient un rang éminent, & qui annonce la bonté de son cœur, & l'œuvre de Dieu.

Dans sa naissance cet établissement, ainsi que les plus grands Ordres, étoit comme ce petit grain de seneyé, mais qui devoit croître & devenir un grand arbre capable de contenir à l'ombre de ses branches merveilleusement étendues, une multitude infinie de peuples.

Si le grand projet de la charité héroïque de Vincent de Paule ne fut exécuté, malgré son bon cœur, que par succession des temps, d'abord il établit dans une infinité d'endroits de la campagne, des Confrairies de la Charité, c'est-à-dire, une Association de personnes pieuses, qui se dévouoient au service des malades, & à l'assistance des pauvres. Il en établit aussi à Paris, avec la permission de Monseigneur l'Archevêque & l'agrément de Messieurs les Curés. Il avoit soin de les visiter, pour entretenir leur zele, ou les encourager, lorsqu'elles trouvoient des obstacles à la bonne œuvre.

Enfin comme Delbora s'associa Baruc pour juger Israël, & lui donner du secours contre ses ennemis, sainte Therese, Jean de la Croix, pour former un nouveau peuple du Carmel, Vincent de Paule, s'associa Mademoiselle Louise de Marillac, veuve de de M. Legras, Secretaire de la Reine de Medicis, pour établir une Congrégation de Filles engagées par état à servir les pauvres, à visiter les malades, & à enseigner les jeunes Filles dans les Paroisses où elles auroient des hospices.

Je n'entreprends point ici l'éloge de Mademoiselle Legras, la part qu'elle a eu à l'établissement des Filles de la Charité, la profession solemnelle qu'elle a fait de servir les pauvres, le titre de première Supérieure de cette sainte Congrégation, l'estime que le saint Instituteur de la Mission en faisoit, la mettent au-dessus de tout ce que je pourrois en dire, & j'espere qu'une plume pieuse & sçavante nous donnera une vie de cette vertueuse Dame plus ample que celle qu'on nous a donnée à sa mort. Deux choses y contribueront, le temps qu'on a eu, & les Mémoires qu'on a fournis de plusieurs endroits.

Mais je reviens, l'établissement des Filles de la Charité, semblable au petit grain de senevé, dans quelques Paroisses de la campagne & de la Capitale du Royaume, a eu des accroiſſemens merveilleux. Il s'eſt étendu dans toutes les Provinces, dans la Pologne, dans le nouveau Monde même.

La ſageſſe, la prudence, l'eſprit de diſcernement préſident au gouvernement de cette nombreuſe Congrégation. On envoye les ſujets qui conviennent dans les places qu'il faut remplir, on change celles qui ne s'accoutument point à l'air de l'endroit où on les envoye, ou qui ne ſont pas propres aux places qu'elles occupent: on a égard au bien qu'elles font, ou à celui qu'elles feront dans une autre place. On ne laiſſe point de talens inutiles, c'eſt pourquoi on ne laiſſe pas dans les petits emplois celles qui peuvent remplir les plus importans avec ſuccès. Quelquefois il faut avoir des égards pour des Seigneurs, des Paſteurs qui demandent des changemens, ou qui s'oppoſent à ceux que l'on veut faire, c'eſt la prudence, le diſcernement, un zele éclairé qui conſervent l'ordre dans ce grand Corps, & le rendent utile à la Societé & à la Religion.

C'est par une suite des principes de ce sage gouvernement, aussi-bien que par nécessité qu'on envoye de jeunes Sœurs remplir dans les campagnes les places où on les juge propres. La premiere que la Sœur Bony occupa hors de la Communauté, fut dans l'Hôpital de Langres.

Elle y eut des contradictions à souffrir, car le zele en trouve partout ; mais elle ne s'affligeoit que des obstacles qu'on mettoit au soulagement des pauvres, à leur instruction, & aux secours spirituels qu'on doit leur donner. Ce qui la regardoit ne l'a jamais flattée ou abattue : elle disoit souvent qu'on n'est véritablement à Jesus-Christ, que lorsqu'on est attaché avec lui sur la Croix.

On a eu des preuves de sa conformité à la volonté de Dieu dans cette Maison. Elle y fut dangereusement malade ; alors on la vit attachée à la Croix avec amour, on fut édifié de sa foi, de sa patience, de sa douceur, de ses entretiens, & de

H ij

sa joye même, lorsque les progrès de la maladie sembloient lui annoncer la fin de son exil ; mais Dieu qui la destinoit à de plus grands travaux, prolongea une vie qui devoit être si utile aux pauvres, & donner de grands exemples de pieté au monde. Elle demeura six ans à Langres. Ses vertus, & les grands biens qu'elle y fit, la firent regretter, lorsqu'on la changea pour l'envoyer à Dijon.

I I.
Elle est envoyée à Dijon.

Ceux qui ont les mêmes obligations à remplir, n'ont pas toujours le même zele, la même ferveur. Il y a aussi une varieté de talens dans ceux qui composent un Corps, une Societé. D'ailleurs il y en a que Dieu distingue, qu'il appelle à de plus grandes entreprises, qu'il éleve à une certaine perfection.

La Sœur Bony arrivée à Dijon, ne tarda pas à montrer qu'elle avoit ce zele que la divine charité excite, allarme, & rend agissant & infatigable ; ces talens nécessaires pour adoucir les peines du pauvre, lui faire bénir Dieu dans ses privations, le consoler dans les douleurs de la maladie, le porter à s'occuper du Ciel, & à le desirer, ces talens si utiles aux malheureux, c'est-à-dire, l'art de plaider leur cause auprès des riches, de les toucher, d'ouvrir leur cœur & leur bourse; ce don de force, de liberté pour s'opposer aux desseins de ceux qui ne veulent pas le bien, qui y mettent des obstacles, & dire avec fermeté * ; Cela ne vous est pas permis, vous êtes les protecteurs des pauvres, je suis leur servante : unissons-nous pour être utiles à leurs corps & à leurs ames. Pouvons-nous remplir une fonction si honorable avec trop de fidélité & de zele ?

* La Sœur Bony tenoit ce langage à ceux qui s'opposoient au bien des Pauvres.

Tout étoit marqué au coin d'une certaine perfection, sa foi, son zele, sa charité, son activité, son humilité, sa fermeté. Il ne faut pas s'étonner des peines qu'elle a eu à souffrir à Dijon. La vraye pieté en suscite; elle est même persécutée, selon saint Paul; il suffit d'aimer Jesus Christ & ses membres, pour être en butte à ceux qui n'agissent que par les ressorts de l'intérêt, de la politique, de l'envie, & de l'indépendance.

Le sujet de ses peines & des contradictions qui éprouverent sa patience, n'étoit point les mépris, les rebuts, les reproches qui la regardoient; elle mettoit sa joye, comme l'Apôtre, dans les humiliations & les injures même; mais c'étoit le délaissement des pauvres, le mépris qu'on en faisoit, les secours qu'on leur refusoit, l'opposition qu'on avoit aux bonnes œuvres, l'indifférence pour tout ce qui pouvoit les entretenir, les accroître, c'étoit le défaut de zele pour le salut de ceux qu'on assistoit corporellement, & les obstacles qu'on mettoit au fruit des instructions les plus touchantes; elle vouloit trop sincerement le bien pour ne pas gémir des desseins de ceux qui l'empêchoient. Son zele s'expliquoit trop hautement pour ne pas se faire des ennemis; mais ils ne purent jamais troubler la paix de son cœur, ralentir son zele, refroidir sa charité, sa foi vive lui faisoit trouver de douces consolations dans ses amertumes, & voici ce qui la consoloit, c'est elle-même qui me l'a dit.

Je connois mes ennemis, disoit-elle, ou plutôt les ennemis du bien que je veux faire, & que Dieu m'ordonne de faire dans ma place; mais ce ne sont point ceux qui sont opposés à la bonne œuvre qui doivent m'introduire dans le Ciel, ce sont les pauvres. Jesus-Christ m'a dit de m'en faire des amis, en les visitant, en les assistant, en les consolant, & qu'ils m'introduiroient dans les Tabernacles éternels.

C'est ainsi que cette pieuse Fille, toujours animée par une foi vive, toujours embrâsée du divin amour, toujours transportée par un saint zele, faisoit tout le bien qu'elle pouvoit faire, & sans cesser d'être humble & modeste, se montroit supérieure aux mépris, aux injures, & aux menaces de ceux qui lui étoient opposés.

Elle étoit aussi consolée dans ses peines par le tendre intérêt que ses Sœurs y prenoient; elles rendoient justice à la pureté de ses intentions, à l'éminence de ses vertus, à l'activité de son zele, aux talens que Dieu lui avoit donnés pour procurer la subsistance des pauvres, accroître leurs ressources, & assurer leur salut, s'ils vouloient profiter de ses instructions.

Quoiqu'elle fit beaucoup de bien dans la Maison de Dijon, & que sa pieté, son zele, son activité, & les secours corporels & spirituels qu'elle procuroit aux pauvres & aux malades, forçassent ceux mêmes qui lui étoient contraires, de l'admirer & de la respecter. On jugea à propos de l'appeller à Paris ; c'étoit Dieu sans doute qui avoit inspiré ses Supérieures pour l'approcher du lieu où son zele & ses vertus devoient éclater pendant si long-temps, & d'une maniere si admirable.

Elle reçut l'ordre de se rendre à Paris. Elle obéit avec cette soumission qui caractérise ceux qui reconnoissent la volonté de Dieu dans celle de leurs Supérieurs. La joye qu'elle goûtoit dans son obéissance, fut un peu troublée par la tristesse de ses Sœurs, qui sentoient la perte qu'elles faisoient. Sa douceur, son humilité, l'esprit de paix qu'elle sçavoit entretenir parmi les différens caracteres,

teres, la firent regretter de ces vertueuses Filles qui l'aimoient, & rendoient justice à son mérite.

Lorsque la Sœur Bony fut arrivée à la Communauté, on lui annonça qu'elle étoit nommée Infirmiere des jeunes Sœurs. Elle prit possession de cette place avec soumission & avec joye, persuadée qu'elle étoit où Dieu la vouloit, quand elle étoit où ses Supérieurs la desiroient.

III. On l'appelle à Paris.

Ce qui est admirable dans la Sœur Bony, & ce qui prouve qu'elle ne cherchoit que Dieu, & l'utilité du prochain, c'est qu'elle a été sans hésiter & sans marquer aucune répugnance dans tous les endroits où on l'a envoyée, c'est qu'elle n'a jamais desiré une place plutôt qu'une autre. Il y a du bien à faire par-tout, disoit-elle, dans notre état; dans les Villages comme dans les Villes il y a des pauvres, des malades, des enfans à instruire; nous ne sommes Filles de la Charité que pour cela. Tout autre motif que le soulagement des pauvres souilleroit nos engagemens, par conséquent nous devons non seu-

I

lement aller, mais même voler dans les endroits où on nous envoye exercer la charité envers les membres de Jesus-Christ.

Dans cette place étoit enseveli ce talent qu'elle avoit pour ménager & accroître les aumônes destinées au soulagement des pauvres, & qui s'est développé avec tant de succès à Saint Germain; ce don qu'elle avoit de peindre leurs besoins à ceux qui pouvoient les secourir, cet art d'œconomiser qui diminuoit les dépenses, & procuroit des ressources dans les mauvais temps; mais elle y étoit utile par son zele pour la gloire de Dieu & le salut des ames, par sa charité tendre & compatissante, par le don qu'elle avoit de parler de Dieu, d'enflammer les cœurs, de peindre les charmes de la vertu, & les artifices du démon.

C'étoient de jeunes Sœurs qu'elle servoit, qu'elle soignoit, & qu'elle consoloit dans la maladie. Elle ajoutoit à ses soins tendres, à son exactitude, à l'affection d'un cœur compatissant, les réflexions les plus touchantes & les plus capables de les consoler : elle leur disoit qu'une Fille de la Charité ne doit desirer la santé que pour servir les pauvres ; la maladie nous purifie, disoit-elle, & en même-temps elle nous instruit par le soulagement & les consolations que nous demandons dans nos infirmités, nous devons apprendre ce que nous devons aux pauvres malades dont le soin nous est confié.

La Sœur Bony étoit pénétrée de ce qu'elle disoit dans ce temps ; sa santé étoit languissante, ses jours étoient menacés, & on n'avoit pas lieu de penser que sa carriere fût si longue ; mais Dieu devoit la conserver pour le bien des pauvres, elle ne vouloit vivre que pour leur être utile, ses vœux furent exaucés.

Le saint Instituteur de la Mission & des Filles de la Charité, M. Vincent, étoit mort il y avoit quarante-trois ans, lorsqu'elle entra à la Communauté ; sa mémoire étoit en bénédiction dans l'Eglise. On y respiroit encore la bonne odeur de ses héroïques vertus. On travailloit à sa Béatification, & on attendoit impatiemment le jugement du Vicaire de Jesus-Christ pour lui rendre un culte public.

Un homme suscité de Dieu pour répandre un nouvel éclat dans le Sanctuaire, étendre le regne de la pieté, être l'Apôtre des Campagnes & de la Cour, la ressource de tous les malheureux, l'Instituteur des Etablissemens les plus utiles à la Religion, & les plus honorables à l'humanité, & un zélé défenseur de la Foi Orthodoxe dans un temps où elle avoit des ennemis habiles, enveloppés & artificieux, ne devoit pas être enseveli dans l'oubli. Aussi, excepté le culte public, étoit-il révéré par les plus grands personnages de l'Eglise & de l'État. Déjà le bruit de plusieurs guérisons opérées par son intercession, excitoit la confiance des Fideles.

La Sœur Bony qui avoit une dévotion tendre à son saint Fondateur, l'invoqua pendant neuf jours, pour obtenir de Dieu, par son crédit, la grace de recouvrer assez de santé pour servir les pauvres. Sa foi étoit vive, son espérance ferme, sa charité ardente, sa dévotion éclairée, & par conséquent désintéressée. Sa priere fut agréable, elle fut exaucée.

En effet, dans cet état d'infirmité, de langueur, sa seule peine est d'être inutile aux pauvres, elle est insensible à ses maux, elle n'est sensible qu'à ceux du prochain, elle ne demande précisément que les forces nécessaires pour n'être pas une Fille de la Charité inutile.

Seigneur, disoit-elle dans sa priere, c'est vous qui avez inspiré à votre serviteur Vincent le dessein d'établir une Congrégation de Filles de la Charité, c'est vous qui m'avez appellée à cet état si honorable & si saint, je ne vous demande pas une parfaite santé, mais je vous demande seulement celle qui m'est nécessaire pour servir les pauvres.

La longue carriere qu'elle a fournie, les différentes places qu'elle a occupées, les fatigues qu'elle a soutenues, tout cela nous fait présumer que Dieu a exaucé sa priere, & que le changement prompt & merveilleux qui s'eſt fait dans ſa ſanté, eſt une grace que ſon ſaint Inſtituteur a obtenue du Pere des miſéricordes pour le ſoulagement & la conſolation des malheureux.

Ainſi ſans propoſer ici un miracle à mes lecteurs, ce qui ne m'appartient pas, j'oſe dire qu'une Fille foible, languiſſante, qui pouvoit à peine ſe ſoutenir, & dont le tempéramment paroiſſoit entierement détruit, n'a été conſervée, & n'a recouvré une ſanté aſſez forte pour ſoutenir de longs & pénibles travaux pendant cinquante-ſix ans, que pour le bien des pauvres. Or c'eſt pour ſervir les pauvres que la Sœur Bony a demandé au Seigneur, par l'interceſſion de ſon ſaint Fondateur, le recouvrement de ſes forces épuiſées. Je ſuis donc autoriſé à croire que Dieu qui accorde tout ce qu'on lui demande au nom de Jeſus-Chriſt, l'a exaucée. Ce fut après que ſa ſanté fut rétablie, qu'on l'envoya à Chaville, Paroiſſe auprès de Verſailles, pour y faire l'Ecole.

IV. On l'en-

L'obéiſſance eſt une vertu néceſfaire aux Filles de la Charité ; elle est d'autant plus méritoire en elles, qu'elles obéissent pour être utiles aux pauvres, & que l'amour de leur état, & le desir d'en remplir les obligations, sont les seuls liens qui les retiennent dans la dépendance.

voye à Chaville, près Versailles.

Sans cette obéissance prompte & entiere aux ordres des Supérieures, il y auroit des hospices dans les campagnes dépourvus de sujets, il faudroit choisir les places, & consulter le goût des Sœurs, plutôt que le besoin des pauvres.

Mais on ne voit pas parmi elles de résistance, elles vont où elles sont envoyées ; elles laissent aux Supérieures le soin de décider des emplois où elles seront utiles : elles quittent un endroit pour aller dans un autre, & plusieurs sacrifient leur goût aux besoins de la Congrégation.

Je ne ferai donc pas un mérite particulier à la Sœur Bony de son obéissance lorsqu'elle va à Chaville pour y faire l'Ecole, puisqu'elle lui est commune avec toutes les autres Filles de la Charité qui veulent persévérer dans leur état ; mais on me permettra d'en faire connoître toute la perfection.

Toutes obéissent ; mais il y en a parmi celles qui obéissent, qui murmurent secrettement de leur changement, qui ne quittent qu'à regret l'endroit où elles sont, & où elles se plaisent, & qui quelquefois font agir des ressorts secrets pour être dispensées d'obéir. Il y en a qui ont des talens, mais qui le sçavent trop, & qui ne veulent que les places où elles puissent briller. Or la Sœur Bony va avec joye dans un des plus petits Hospices de la Congrégation, elle y va non pour y être Supérieure, mais pour y faire l'Ecole ; elle y va sans censurer secrettement le discernement de celles qui l'envoyent dans une place où elle sera presque inutile, & où des talens inférieurs aux siens suffiroient : Elle y va pour former de jeunes Enfans à la pieté, & leur apprendre à servir Dieu, en leur apprenant à lire, contente de pouvoir faire du bien en obéissant. Voilà ce qui fait le mérite de son obéissance, & ce qui prouve qu'elle étoit toujours petite à ses yeux.

La Supérieure de Chaville ne tarda pas à s'appercevoir qu'elle possédoit une Fille d'un mérite rare, d'une pieté éminente, & qui avoit des talens utiles dans une grande place, & inutiles dans celle qu'elle occupoit. Elle la conserva quelque temps pour développer encore plus clairement les belles qualités qui la charmoient, & être plus à portée de faire un rapport exact d'un sujet si admirable à la Supérieure Générale.

Pendant son séjour à Chaville, la Sœur Bony qui ignoroit les intentions de sa Supérieure, & qui ignoroit elle-même ce qu'elle vouloit (car les ames vrayement humbles, font le bien sans se glorifier, & sont toujours petits à leurs yeux, pendant que les autres admirent la grandeur de leurs vertus & de leurs talens) s'appliqua à l'instruction de la jeunesse qui lui étoit confiée ; & quel bien ne faisoit pas une Fille qui étoit remplie de Dieu, & qui en parloit si bien?

C'est dans un âge tendre que les exemples font de fortes impressions ; les discours de pieté mis à la portée des enfans, penetrent leurs jeunes cœurs, comme ces douces pluyes qui tombent sur de tendres gasons. On ne pense pas juste quand on n'est pas persuadé qu'on peut faire beaucoup de bien dans les Ecoles & dans les Catéchismes. Les enfans sont comme de jeunes arbres qui se plient aisément, & il est commun, dit le Saint Esprit, de voir marcher les hommes jusqu'à la fin de leur carriere, dans la route qu'on leur a tracée dans leur enfance. Il reste d'une éducation chrétienne, ou d'une éducation mondaine, des impressions qui ne s'effacent que difficilement.

La Sœur Bony, qui n'ignoroit pas ces vérités, faisoit aux enfans qu'elle enseignoit, des leçons admirables de pieté, elle leur représentoit que pour être heureux à la mort & éviter l'Enfer, il falloit aimer Dieu, accomplir sa Loi, conserver son innocence, fuir les enfans déréglés, se mettre sous la protection de la très-

Sainte Vierge, obéir à leurs parens, s'occuper, & fuir toujours l'oisiveté.

Mais sa Supérieure qui développoit de plus en plus son mérite, décida qu'il falloit à son zele & à ses talens, une plus grande place, elle fit le sacrifice du plaisir qu'elle goûtoit avec cette vertueuse Fille, & des consolations qu'elle lui procuroit dans ses peines même intérieures, par ses discours, qui étoient le langage de la foi la plus vive, & de l'amour le plus pur, & pour l'utilité du prochain, elle voulut bien perdre celle qu'elle aimoit & respectoit ; elle écrivit à la Supérieure Générale, qui la nomma Supérieure d'une Maison en Champagne, à trois lieues de Troyes.

Dans cette nouvelle place la Sœur Bony ne remplit pas seulement avec distinction les devoirs d'une Supérieure des Filles de la Charité, mais elle y fit éclater encore un zele admirable pour la gloire de Dieu & le salut des ames. Elle devint en quelque sorte l'Apôtre de cette Pa-

V. Elle est nommée Supérieure en Champagne.

roisse. Elle prie, elle gémit, elle pleure, & son zele ardent, ingénieux, la rend utile aux ames comme aux corps.

En représentant ici un des plus beaux traits de la vie de la Sœur Bony, j'aurai soin de faire remarquer qu'elle n'est point sortie des bornes de son état, qu'elle n'a point négligé les devoirs de sa place, qu'elle n'a point cessé de respecter le Sacerdoce dans ceux qui en étoient honorés, & qu'elle a suppléé au défaut de zele nécessaire pour l'instruction des Fideles, par un zele prudent, humble, & conforme au silence que Saint Paul impose à son sexe.

La Sœur Bony n'eut jamais le défaut de celles qui semblent ne lever l'étendart de la dévotion, que pour avoir droit de gémir avec éclat sur les défauts du prochain, d'apprécier les vertus, les talens & le zele des Ministres des Autels, de parler de doctrine, & d'être moins humbles & moins soumises que les autres : avec un esprit vif & pénétrant des connoissances acquises par de saintes lectures, & sur-tout dans l'Oraison, une grande facilité de parler, de s'expliquer, le don même de toucher & de persuader ; elle a toujours conservé les sentimens de la plus profonde humilité ; en admirant la grandeur de sa foi & l'étendue de sa charité, on admiroit aussi la simplicité & la modestie de ceux qui sont petits à leurs yeux, & auxquels Dieu révèle les choses qu'il cache aux superbes & aux sages du siecle.

Elle fut vivement touchée de l'état d'une Paroisse qui manquoit du pain de la parole de Dieu ; elle vit avec douleur les ames abandonnées, sans instructions, sans consolations.

La Sœur Bony, que la foi & la charité animoient, pensoit autrement. L'amour de Jesus-Christ excitoit son zele, mais un zele qui n'avoit pour objet que la gloire de Dieu, & le salut des ames. En voyant le triste état de cette Paroisse, elle gémit, son cœur fut plongé dans l'amertume, mais elle ne sortit pas des bornes de son état, elle ne s'érigea pas en réformatrice ; elle ne rendit pas le Pasteur odieux par une censure publique de sa conduite ; elle ne profita pas de la confiance qu'on avoit en elle pour faire perdre celle qu'on avoit en lui. Elle sçavoit qu'elle étoit une Fille de la Charité, une Fille de Vincent de Paule, & qu'elle devoit cacher, ou du moins, excuser les défauts de son Pasteur.

Elle fit accueil à ce Curé, elle se ménagea sa confiance, elle se l'attacha même par les visites respectueuses qu'elle lui rendoit. Il fut flatté, il la goûta, lui donna son estime, & lui accorda la permission d'instruire les jeunes filles, & les femmes même de sa Paroisse. Elle profita de cette permission, elle les assembloit dans sa maison, leur faisoit des lectures, leur expliquoit les vérités de la Religion; elle leur parloit de Dieu, & de la destinée de notre ame, avec un amour, une onction qui les touchoient & les portoient à la pieté.

Elle ménagea aussi prudemment une Mission à cette Paroisse par les Lettres touchantes qu'elle écrivoit aux Grands-Vicaires de Monseigneur l'Evêque de Troyes.

Son zele étoit éclairé, il ne s'étendit jamais sur les choses d'éclat, ni sur tout ce qui n'auroit pas convenu à son sexe, qui doit se faire honneur du silence & de la soumission; mais comme il est commandé à tous les Chrétiens de s'intéresser au salut des ames, les conquêtes du Sang de Jesus-Christ, elle ajoutoit à ses instructions, à ses exemples, ses prieres, ses soupirs, & ses larmes.

Ces soins qu'elle donnoit aux accroissemens de la piété, ne préjudicioient point aux secours qu'elle devoit aux pauvres, ni au gouvernement de sa Maison. Elle faisoit aimer & respecter son état. Déjà plusieurs Filles desiroient de l'embrasser; elles se présenterent, elle les reçut Postulantes, & écrivit à ses Supérieures pour leur demander la permission de les amener à Paris, ce qui lui fut accordé.

Le zele de la Sœur Bony s'étendoit sur tout ce qui pouvoit procurer la gloire de Dieu & le soulagement des pauvres. Ses discours & ses exemples dans cette Paroisse,

VI. Elle vient à Paris.

où elle étoit si utile aux ames & aux corps, firent de vives impressions sur les cœurs de plusieurs jeunes Filles touchées de la perfection d'un état, où l'on n'est plus qu'à Dieu & aux pauvres : elles formerent le projet de l'embrasser, & elles l'exécuterent.

La grace en a appellé de tous les rangs au service des malades & des malheureux. Il y en a parmi les Filles de la Charité qui ont ajouté au sacrifice de leur jeunesse, celui des richesses & des honneurs. Les Villes en ont fourni aussi-bien que les Bourgades. La pieté, l'amour des pauvres, la santé, sont les seules choses que l'on exige de celles qui se présentent, parce que c'est tout ce qui est nécessaire pour les sanctifier, & les rendre utiles.

La Sœur Bony découvrit avec joye dans ses nouvelles Postulantes tout ce qui pouvoit l'assurer de leur vocation, & charmée de procurer de nouvelles Servantes aux membres de Jesus-Christ, elle exécuta l'ordre qui lui avoit été envoyé, & les amena à la Communauté de Paris.

On

de la Sœur Bony. 113

On la reçut avec les nouvelles conquêtes de son zele, & comme on n'ignoroit pas le bien qu'elle avoit fait dans la Maison qu'elle quittoit, on se proposa de l'envoyer en Province pour gouverner une Maison plus considérable, & par conséquent où elle seroit plus utile.

Leur dessein étoit louable. Il est de la sagesse & de la prudence de ceux qui donnent les places, de proportionner l'étendue du gouvernement à l'étendue des talens & du zele. Une personne est déplacée dans un emploi aussi-bien quand ses talens y sont inutiles, comme lorsqu'ils ne sont pas suffisans. Il y a des sujets qu'il faut faire monter, il y en a qu'il faut faire descendre. Le bien ne se fait pas quand on n'a pas ce discernement.

Quoique les Supérieures ne se proposoient que le bien, en envoyant la Sœur Bony en Province, elles en eussent empêché un très-grand, si elles eussent exécuté leur projet. Elles connoissoient sa pieté, son zele, son amour pour les pauvres ; mais

K

elles ignoroient ses talens pour leur procurer des accroissemens, pour plaider leur cause, défendre leurs intérêts, & triompher de tous les obstacles que la cupidité, l'envie, la politique mettent à l'exécution des bonnes œuvres.

Ce fut M. Bonnet, Supérieur Général, qui développa dans une conférence qu'il eut avec elle, toute l'étendue de son mérite, & les ressources qu'il y avoit dans cette Fille simple, modeste, & qui mettoit sa gloire à obéir à ses Supérieures, sans opposer son goût ni sa capacité.

Il admira en elle un génie vif, un discernement juste, un talent de parler efficacement au cœur, un feu dans ses paroles qui annonçoit un zele ardent pour le soulagement des pauvres, capable des plus grandes entreprises, & supérieur à tout ce qui peut abattre, déconcerter, ou gagner les ames timides ou politiques. S'il fut charmé de lui entendre parler de Dieu avec autant d'onction que les Saints en ont parlé, il ne le fut pas moins d'appercevoir qu'il y avoit dans ses talens des ressources pour les circonstances les plus difficiles & les plus délicates.

Il falloit un Supérieur éclairé, zélé pour le bien des pauvres & la conservation des Etablissemens confiés aux Filles de la Charité, pour examiner & apprécier le mérite d'une Fille qui n'avoit que des dehors simples, modestes, & qui ne paroissoit ce qu'elle valoit, que lorsqu'elle parloit de Dieu ou des pauvres. Mais M. Bonnet avoit tous les talens qui font le grand Ecclésiastique, & tout ce qu'on pouvoit desirer dans un Supérieur Général de deux Congrégations nombreuses, respectables & utiles; c'est pourquoi après s'être entretenu avec la Sœur Bony, il lui destina secrettement une place importante, non par l'opulence ou les honneurs qui y étoient attachés, mais par les difficultés, les obstacles, les peines, les persécutions même qu'elle y trouveroit. Cette pieuse Fille lui parut la seule que Dieu appelloit à cette bonne œuvre, parce qu'il trouvoit en elle tout ce qu'il falloit pour

K ij

l'entreprendre, la continuer, & l'assurer même malgré les contradictions, les injures, & les menaces.

Son projet formé, il s'opposa à celui de ses Supérieures, qui vouloient l'envoyer en Province; les Supérieures qui ne veulent que le bien des pauvres, qui ne changent les sujets que par nécessité, se rendirent avec soumission à la volonté de M. Bonnet. La Sœur Bony fut envoyée à Saint Germain-en-Laye pour y être Supérieure de l'Hôpital Royal établi dans cette Ville.

Fin du troisième Livre.

LA VIE
DE
LA SŒUR BONY.

LIVRE QUATRIE'ME.

SOMMAIRE.

I. M. Bonnet lui fait le portrait de la Maison de Saint Germain. II. Description de cette Maison, lorsque la Sœur Bony y entra. III. Sa charité, ses talens surmontent tous les obstacles. IV. L'estime que Monseigneur le Maréchal de Noailles en faisoit. V. Le don qu'elle avoit de parler aux grands. VI. Elle est respectée de tous ceux qui la connoissent. VII. Fondation de M. de Gonigham dans l'Hôpital pour treize pauvres Orphelines. VIII. L'union qui regnoit entre elle & ses Sœurs. IX. Les discours qu'elle leur faisoit. X. Les exhortations qu'elle faisoit aux pauvres. XI. Elle sert les pauvres avec respect. XII. Elle consulte le R. P. Gourdan. XIII. Son humilité. XIV. Sa foi. XV. Son goût pour les choses du Ciel.

I. M. Bonnet lui donne une idée de l'Hôpital de Saint Germain.

Monsieur le Supérieur Général connoissoit l'état d'indigence où étoit dans ce temps l'Hôpital Royal de Saint Germain-en-Laye. Il touchoit au moment d'être réuni à la Charité de cette Ville, on en formoit le projet, & on ne manquoit point de raisons pour justifier cette réunion.

On se donnoit des mouvemens : on faisoit éclater un certain zele, mais personne ne se portoit aux démarches qu'il falloit faire pour conserver ce pieux asile aux pauvres. On le voyoit tomber sans s'intéresser à la perte qu'en faisoient des hommes

& des femmes courbés sous le poids des années, & sans ressource dans leur vieillesse.

La politique, la prudence humaine, des vûes d'intérêt faisoient naître tous les jours de nouvelles difficultés, de nouveaux obstacles. Les Supérieurs ne trouvoient plus de sujets pour gouverner cette Maison, presque sans fond, & toujours sans protecteurs, & déjà on formoit le dessein de renoncer à cet établissement, lorsque M. Bonnet apperçut dans la Sœur Bony les talens nécessaires pour relever ces précieuses ruines. Un amour des pauvres, tendre & compatissant, une foi vive, capable d'espérer des prodiges, une confiance ferme dans celui qui est le pere & le défenseur des pauvres, un zele prudent, mais assez actif pour entreprendre la bonne œuvre, & assez ferme pour-résister à tous ceux qui s'y opposeroient, une humilité profonde pour souffrir les mépris, les injures, & se glorifier même des opprobres. Ce Ministre habile & éclairé, loue Dieu de lui procurer un sujet si propre à contribuer au soulagement des malheureux, & il lui ordonna de se rendre à Saint Germain; mais il la prévint sur l'état de la Maison qu'elle alloit gouverner, & lui en fit ainsi le portrait.

Vous allez, ma chere Fille, lui dit-il, dans une Maison pauvre, sans soutien, & où les vûes qu'on avoit dans son établissement, ne sont point remplies; par la misere des temps, les fonds sont diminués, & tout ce qui est nécessaire au soulagement des pauvres considérablement augmenté. On est dans ce temps plus porté à laisser tomber les pieux Etablissemens, qu'à les relever; la charité est refroidie, & le zele de nos peres pour ces bonnes œuvres, trouve plus de mondains qui le condamnent, que de Chrétiens qui l'imitent.

Votre zele aura des obstacles à surmonter; on ne voudra pas, comme vous, le bien des pauvres, la prudence humaine ne veut point qu'on compte sur les fonds de la Providence, & la cupidité aussi-bien que l'envie, l'envie, s'opposeront aux succès de vos entreprises, & de vos travaux; le zele nécessaire pour perpétuer la bonne œuvre paroîtra déplacé aux yeux de certaines personnes, dans une pauvre Fille de Vincent de Paule. Vous êtes la derniere que nous enverrons dans cette Maison, si les choses ne changent point de face. Allez, priez, agissez, marchez sur les traces de votre saint Fondateur, le pere des pauvres. Si Dieu veut conserver cet Etablissement, la prudence humaine ne pourra pas l'empêcher, le calme succédera à l'orage, & si vous avez le sort de ceux qui veulent le bien, vous en aurez aussi la récompense.

La Sœur Bony écoutoit avec attention & avec respect M. le Supérieur Général. Son cœur s'attendrissoit sur le sort des pauvres qui alloient perdre leur asile; le zele de son saint Fondateur pour ce genre de bonnes œuvres, s'allumoit, & elle sentit alors des mouvemens dans son ame qui sembloient lui annoncer que Dieu la demandoit dans cette place. Elle répondit modestement à M. Bonnet, tout devient fort & efficace dans les mains du Seigneur, la plus petite de toutes ses Servantes peut devenir l'instrument de sa tendresse paternelle, & il peut joindre au desir qu'il m'a inspiré de me consacrer au service des pauvres, le succès des démarches & des peines auxquelles je vais me livrer de bon cœur.

Quelle différence entre les vues que se propose une ame que la charité anime, & celles que se proposent les politiques & les prudens du siecle ! La Sœur Bony compte sur Dieu ; elle est assurée de sa protection, parce qu'elle ne veut que sa volonté ; elle est disposée à tout souffrir, pourvu qu'elle soit utile aux pauvres, qu'elle perpétue un pieux Etablissement, & qu'elle y procure des accroissemens, & les prudens du siecle ne veulent compter que sur des revenus amples.

La Sœur Bony met sa confiance dans la Providence ; mais elle sçait que pour a préparé le pauvre au riche Dieu le sanctifier par l'aumône ; elle entreprend la bonne œuvre; elle va à Saint Germain.

Cette Ville célebre par la résidence de plusieurs de nos Rois, précieuse aux François par la naissance du plus grand de nos Monarques, sanctifiée par la présence de Saint Vincent de Paule, qui y assista Louis XIII. à la mort, consignée dans les Annales de l'Eglise par la grande Assemblée du Clergé qui s'y tint l'année mil sept cent, va être pendant quarante années le théâtre où éclateront les vertus qui forment les Saints, & surtout un zele pour procurer la subsistance aux pauvres, victorieux de tous les obstacles.

I I.
Dans quel état elle trouva cette Maison.

La Sœur Bony vit avec douleur le triste état de la Maison, dont les intérêts lui étoient confiés. L'illustre Dame qui lui avoit donné naissance, n'avoit pas eu le temps d'achever sa bonne œuvre selon ses intentions, & de la dotter suffisamment. Louis XIV. avoit confirmé des Réglemens très-sages pour le gouvernement spirituel & temporel de ce nouvel Etablissement. Des Lettres Patentes en-

L ij

regiſtrées au Parlement le mettoient au nombre de ceux qui ſont de fondation Royale ; mais le temps qui change les choſes, la mort qui enleve les protecteurs des pauvres comme les autres, la miſere des temps qui multiplie les malheureux, & diminue les charités, la prudence humaine qui regarde comme des établiſſemens onéreux à la ſocieté, ceux que les Payens même ſe faiſoient gloire de procurer aux étrangers indigens ou malades ; tout cela avoit réduit cet Hôpital à ces extrêmités qui déterminent ordinairement la prudence de ceux qui gouvernent, à ſupprimer ou à réunir les Etabliſſemens les plus utiles à la pieté & à la miſere.

Les revenus ne répondoient pas à beaucoup près aux dépenſes abſolument néceſſaires pour nourrir & entretenir le nombre de pauvres qui devoient y être admis ſelon les termes de la Fondation. Retirés dans une Maiſon où il n'y avoit aucune des commodités convenables à des perſonnes que la vieilleſſe charge d'infirmités, couchés dans des lits qui leur faisoient desirer ceux de l'Hôtel-Dieu de Paris, menacés tous les jours d'être renvoyés, ils gémissoient & se plaignoient en quelque sorte de la longueur de leurs jours.

La Sœur Bony est touchée du spectacle que lui offre cette Maison, qui renferme les membres de Jesus-Christ, les projets que l'on forme de la réunir à la Charité des Malades, l'allarment. Son cœur s'attendrit, son zele s'allume, elle s'occupe des ressources qu'elle peut trouver dans ces circonstances, & la seule qui la rassure, c'est la bonté de Dieu qui aime les pauvres, qui les a nourris dans le Désert, qui nous fait un précepte de les assister, qu'il est leur pere, qui récompensera l'aumône, qui vengera le refus qu'on aura fait de le recevoir, de le nourrir, de le vêtir, & de le consoler dans la personne des malheureux.

Seigneur, disoit cette pieuse Fille, vous êtes le pere des pauvres, ce sont vos membres souffrans, ils sont sous vos yeux, je vous les recommande, vous seul pouvez multiplier le froment dans nos greniers, ouvrir les cœurs des riches à la compassion, susciter des coopérateurs de la bonne œuvre parmi ceux même qui paroissent la désapprouver : c'est en vous seul que je mets ma confiance, je travaillerai en vain à réédifier cet édifice de la Charité, si ce n'est point votre main toute-puissante qui le soutient.

La Sœur Bony sçavoit que notre confiance en Dieu ne doit pas être oisive, c'est pourquoi elle se regarda comme un instrument dans ses mains qui devoit agir. Elle sollicitoit la rosée du Ciel dans la Priere & dans l'Oraison ; elle sollicitoit une portion de la graisse de la terre pour les pauvres dans les visites qu'elle rendoit aux personnes aisées. Elle comptoit sur la bonté de Dieu, mais elle ne demandoit pas des miracles. Toute sa ressource en arrivant à Saint Germain, étoit de faire ce qu'elle pourroit, & de demander au Seigneur, avec ardeur & avec larmes, ce qu'elle ne pourroit pas.

Malgré son zele, son activité, son

œconomie, elle s'est trouvée souvent sans ressource humaine, les bourses ne s'ouvroient pas aux besoins des pauvres, parce que les cœurs étoient fermés à la compassion, il sembloit même qu'on attendoit le moment où la Sœur Bony, hors d'état de faire subsister un seul jour sa chere famille, renonceroit à la Supériorité : mais on ignoroit sa ressource, elle attendoit du secours de la Providence, sa confiance étoit ferme, elle pria avec foi, sa priere fut exaucée.

Je me rappelle avec plaisir ce qu'elle me dit un jour en me racontant l'embarras où elle se trouva pour nourrir ses pauvres : je ne possédois pas, me dit-elle, de quoi avoir une livre de pain ; nous n'avions point de bled, ni les autres provisions nécessaires, j'étois affligée, je méditois des projets dont l'heureuse exécution même n'auroit pas empêché les pauvres de souffrir long-temps. Dans ma douleur quelque chose sembloit me reprocher mon affliction ; je méditai quelques momens, & aussi-tôt ma confiance en Dieu répandit l'allégresse dans mon cœur, le miracle de la multiplication des Pains se présenta à mon esprit, je fis cette priere.

Seigneur, c'est pour récompenser la confiance & l'amour d'un peuple qui vous suivit dans le Désert, que vous avez multiplié quelques pains & quelques poissons, & nourri cinq mille hommes. Vous fûtes touché en portant vos regards sur cette multitude qui n'avoit point mangé depuis trois jours. Ah! daignez les porter aujourd'hui sur cette Maison désolée, sur ces pauvres panchés vers le tombeau & hors d'état de se procurer leurs besoins; vous nous les avez recommandes, j'ose vous les recommander aujourd hui; cet Hôpital est un Désert où l'on ne trouveroit pas ce que l'on trouva dans celui où vous fîtes éclater votre puissance en faveur des pauvres.

Après cette priere, m'ajouta-t-elle, je pris la Sainte Vierge pour mon avocate, je fus me prosterner devant son Image; je lui présentai les clefs de la Maison, devenues inutiles sans son secours. J'éprouvai le même jour, les effets de sa tendre charité pour les hommes, une Dame de la Ville m'envoya trois cens livres d'aumônes.

Dans ce récit que la Sœur Bony m'a fait elle-même avec simplicité, on y découvre un héroïsme de foi, de charité & de confiance en Dieu, aussi sont-ce ces vertus qui l'ont rendue supérieure à tous les obstacles.

III. Elle surmonte les obstacles.

Il est rare que ceux qui veulent le bien, qui entreprennent de bonnes œuvres, qui y travaillent avec zele, ne soient pas éprouvés par des contradictions. Ce n'est qu'après les succès qu'on rend justice à la pureté de leurs intentions, & que ceux qui leur étoient opposés, se repentent, du moins secrettement, de les avoir persécutés; mais l'œuvre de Dieu ne peut point être arrêtée par les complots & la force même des hommes; la preuve la plus évidente que Dieu soutient une entreprise, c'est lorsque celui qui la fait a beaucoup d'obstacles à surmonter, que des personnes en place, de nom, de crédit s'y opposent, & que malgré cela il réussit, c'est ce que le sage Gamaliel enseignoit aux Juifs qui vouloient empêcher les Apôtres de prêcher.

Mais il ne convient pas à un Historien, sur-tout à un Prêtre, en rapportant les œuvres de la miséricorde de Dieu, & les succès de la charité d'une de ses Servantes qu'il soutenoit, de blesser la charité même par des portraits désavantageux au prochain, de supposer des vues coupables à ceux qui dans leur opposition à la bonne œuvre, pouvoient en avoir de très-innocentes, & de troubler les cendres paisibles des morts, pour examiner ou condamner ce qui a été jugé au Tribunal du souverain Juge. Dieu seul juge de l'intention & des vûes des humains, & nous ne pouvons que faire des jugemens téméraires, lorsque nous osons juger nos freres sur les seuls dehors qui sont à la portée de l'homme.

D'ailleurs si l'on doit haïr le péché, on ne doit jamais haïr le pécheur, & si l'on peut faire un portrait de ses fautes pour les faire éviter, on doit ménager sa réputation, en ne le nommant pas, & évitant tout ce qui peut lui attirer des reproches, ou répandre même des nuages sur la gloire de sa famille.

Jesus-Christ, notre divin Sauveur, nous a donné un bel exemple de cette charité que nous devons conserver précieusement. Selon presque tous les saints Docteurs le portrait qu'il fait du mauvais Riche dans l'Evangile, n'est pas une parabole, mais une histoire, & il ne cache son nom que pour ne pas le deshonorer dans la Judée. Il peint les châtimens qui attendent ce Riche voluptueux ; mais il n'employe aucun des traits qui pouvoient faire connoître celui qui les méritoit par sa dureté envers les pauvres.

Nous devons encore faire une réflexion qui est très-importante, & qui doit nous porter à excuser ceux qui dans tous les temps se sont opposés à de pieuses entreprises, & ont persécuté le zele même de ceux qui travailloient pour le bien.

Il est certain qu'ils ne s'opposoient

pas au bien, mais aux entreprises qui l'avoient pour objet. Il est certain qu'ils n'ont jamais perfécuté les serviteurs de Dieu, comme inspirés & conduits par sa providence, mais comme des personnes qui sortoient de leur sphere, qui traçoient une nouvelle route, ou qui formoient des projets dont l'exécution paroissoit impossible.

Les Juifs n'ont point attaché Jesus-Christ à la Croix comme le Roi de gloire, mais comme un séducteur; ce n'est point pour prêcher la vraye doctrine que les Apôtres sont persécutés, mais comme on leur dit dans le grand Sanhedrin, parce qu'ils remplissent Jerusalem d'une nouvelle doctrine. Saint Paul nous dit qu'il est dans les liens comme s'il avoit commis quelques crimes, parce que véritablement on le croyoit coupable de nouveauté en matiere de Religion.

Si l'on persécute une Sainte Genevieve, une Sainte Therese, c'est parce que l'on regarde l'une comme une sorciere, & l'autre comme une visionnaire, qui répand le trouble dans son Ordre.

de la Sœur Bony. 133

Quand Saint Paul perfécutoit les Chrétiens, il croyoit faire une bonne œuvre, c'eſt pourquoi il nous aſſure qu'il étoit dans l'ignorance.

Il peut donc arriver qu'on ſe ſoit oppoſé à la bonne œuvre que la Sœur Bony entreprenoit, qu'on ait même taxé ſon zele d'imprudence, ſa fermeté d'obſtination, qu'on l'ait mortifiée dans ſes repréſentations, qu'on l'ait menacée lorſqu'elle tenoit bon contre les refus qu'on lui faiſoit, par des vûes de ſageſſe, de prudence, ou par la crainte de ne pas réuſſir. Dieu ſeul qui l'inſpiroit, lui donnoit ce zele & cette fermeté qui ſoulevoient certains eſprits ; il ne falloit que le ſuccès pour les calmer, & faire ceſſer l'orage, & c'eſt ce qui eſt arrivé.

Dans ce récit des travaux & des ſuccès de la Sœur Bony, pour ſoutenir l'Hôpital de Saint Germain, qui touchoit à ſa ruine, qu'on ne faſſe donc aucune application déſavantageuſe au prochain, qu'on reſpecte le voile que la charité de la Sœur Françoiſe a eu ſoin de mettre sur les fautes de ceux qui lui étoient opposés, & que je n'ai garde de lever. Malheur à moi si je louois sa charité sans la conserver dans mon cœur !

Pour conserver l'asile chancellant, dont les intérêts lui étoient nouvellement confiés, il falloit un grand amour des pauvres, un zele infatigable, & une fermeté généreuse. Or dans la conservation des débris de cet Hôpital, aussi-bien que dans les accroissemens que nous y voyons, la Sœur Bony a prouvé avec éclat qu'elle avoit reçu du Ciel toutes ces grandes & précieuses qualités.

Si l'amour se prouve par les œuvres & par les sacrifices, ses soins, ses inquiétudes, ses craintes, ses projets n'avoient point d'autre principe que le soulagement des malheureux ; c'est pour les soulager & empêcher la perte de leur hospice, qu'elle sacrifie son repos, sa santé, & qu'elle s'expose aux contradictions, aux persécutions même.

Quelle activité dans son zele ! Il la multiplie, pour ainsi dire, elle

de la Sœur Bony. 135

ne néglige aucun moyen de procurer la subsistance aux membres de Jesus-Christ dont elle étoit chargée. Après avoir essayé de toucher les riches, & d'obtenir quelques secours de leur part, elle va dans le Marché, elle quête, & ne rougit point de demander l'aumône pour augmenter, par de pieuses collections, le fond insuffisant de la Maison qu'elle gouverne. Son zele pour les pauvres nous fournit des faits dignes d'être consignés dans les Annales de l'Eglise.

La Sœur Bony va à la Cour, ce séjour qui lui étoit inconnu, qui pouvoit la déterminer à paroître aux pieds des Maîtres de la terre? Deux choses, m'a-t-elle dit plusieurs fois, la bonté du Prince, le triste état de sa Maison.

Elle va solliciter des secours prompts pour les pauvres qui souffroient, & des accroissemens de revenus pour perpétuer la bonne œuvre. Elle ne se rebute pas des délais, elle persévere, la fatigue des voyages multipliés altere sa santé, elle n'y pense pas, elle donneroit sa vie pour en procurer une plus douce aux malheureux. On l'a vûe à Versailles à la porte des Appartemens braver les ardeurs de la fievre qu'elle avoit, prier, gémir, & oublier qu'elle étoit malade, pour représenter le triste état de son Hôpital abandonné.

Un jour un Officier lui dit : ma Sœur, ne voyez-vous pas que vous êtes malade, vous devez vous aller mettre au lit. Elle lui répondit : Monsieur, mes pauvres n'ont point de pain, ni de lits convenables, quand on aura pourvu à leur nécessaire, je penserai à ma santé.

Un zele si pur, si désintéressé ne pouvoit qu'édifier & toucher le meilleur de tous les Rois, aussi obtint-elle des secours prompts, & des accroissemens de revenus.

Aussi-tôt cette pieuse Fille fit garnir & entourer les Lits des pauvres, elle les fit transporter du vieil Hôpital dans le nouveau, grand, vaste, commode, & qu'elle avoit eu soin de faire préparer & meubler du nécessaire, & c'est dans cette pieuse & charitable entreprise qu'éclate une fermeté généreuse. Comme

de la Sœur Bony. 137

Comme on avoit des vues de réunion, on s'oppofoit fortement à ce nouvel Etabliffement, on lui avoit défendu expreffément de s'inftaller dans le nouvel Hôpital, d'y ranger des Lits, & de s'en emparer; mais la Sœur Bony tenoit bon; c'étoit l'intérêt des pauvres qu'elle foutenoit, elle bravoit les menaces, Dieu la foutenoit.

Qu'on ne fe repréfente pas ici un caractere vif, emporté, une Fille abfolue qui oppofe fa qualité de Supérieure aux avis & aux ordres de celui qui s'oppofe à fon zele : Non, la Sœur Bony conferva toujours dans ces troubles paffagers le calme, la douceur, l'humilité, le réfpect qui annoncent ceux qui n'agiffent que pour Dieu. Elle prenoit l'intérêt des pauvres, elle ne regardoit qu'eux, elle s'oublioit elle-même, & ce qui eft admirable, ce qui prouve que la charité feule l'animoit, lorfqu'elle étonnoit par fa fermeté, c'eft qu'elle n'a jamais ceffé de refpecter & de mettre fa confiance dans celui qui s'oppofoit aux deffeins qu'elle avoit

M

de prendre possession du nouvel Hôpital; elle rendoit justice à la pureté de ses mœurs, à ses lumieres, elle lui prêtoit des vues même de charité, puisque la réunion qu'il desiroit n'avoit aussi pour objet que des pauvres; mais ceux qui lui étoient confiés, lui étoient trop précieux pour les abandonner. Elle vouloit perpétuer l'Etablissement dans les vues de l'illustre Dame qui l'avoit fondé, c'est-à-dire, conserver l'Hôpital destiné pour être la retraite de soixante personnes de la Ville de l'un & de l'autre sexe, & âgées au moins de soixante ans.

Voilà ce qui lui fit montrer cette fermeté qui étonna, qu'on blâma peut-être alors, mais qui a été louée après par les politiques même.

Il y a des occasions où les Saints qui étonnent les mondains par leur douceur, leur patience, leur soumission, les étonnent aussi par leur fermeté, c'est lorsqu'il s'agit de la gloire de Dieu ou du bien des pauvres. Saint Laurent souffrit le martyre plutôt que de livrer les fonds destinés à la subsistance des membres de Jesus-Christ, au Gouverneur de Rome sous l'Empereur Valerien. Saint Ambroise s'opposa avec fermeté au projet formé de céder aux Arriens les Eglises des Catholiques. La Sœur Bony, cette fille si humble, si modeste, si patiente, qui mettoit toute sa gloire dans le titre de Servante des pauvres, montra aussi une fermeté héroïque, & qui tenoit du prodige, lorsqu'il fut question de conserver les pauvres dans le nouvel Hôpital, & de repousser la violence qu'on vouloit lui faire pour les en chasser.

En vain on avoit formé le projet d'empêcher le transport des Lits du vieil Hôpital, en vain on se préparoit à les arrêter si elle osoit exécuter son dessein, sa charité ingénieuse & active profite des ombres de la nuit pour cette pieuse expédition. On dressa les Lits, on arrangea tout ce qui étoit nécessaire, on se mit en possession du nouvel Hôpital qui subsiste aujourd'hui, & qui doit sa conservation & ses accroissemens au zele & aux travaux de la Sœur Bony.

On fit éclater en vain son indignation, quand on vit le nouvel Hôpital occupé, & des arrangemens pris pour y rester & perpétuer la bonne œuvre; on menaça, on voulut même employer les voyes de fait, pour démeubler cet hospice des pauvres. Tous les efforts furent inutiles, la fermeté de la Sœur Bony triompha de tous les obstacles, le calme succéda à l'orage, celui qui désapprouvoit l'ardeur de son zele, en fut ensuite l'apologiste; elle fut jusqu'à sa mort sa fille chérie, il lui dit plusieurs fois qu'il avoit eu le malheur de s'opposer à l'œuvre de Dieu, quoiqu'avec des intentions droites & pures, & qu'il s'en repentoit.

Un mondain habile, un politique auroit abandonné une entreprise où il auroit eu tous ces obstacles à surmonter; la Sœur Bony sans ces talens qui font les habiles négociateurs, sans les ressources qui flattent les hommes, & sur lesquelles ils comptent, réussit, & triomphe de tout ce qui s'opposoit à la bonne œuvre. Qu'on est fort dans les mains de Dieu ! Tous ceux qui sont contre nous, ne peuvent rien, quand il est pour nous.

La Sœur Bony tranquille dans le nouvel Hôpital, se livre avec une activité incroyable à lui procurer des accroissemens; déjà elle a obtenu de la Cour des aumônes & des accroissemens; déjà son œconomie, sa vigilance, son attention industrieuse ont mis les Jardins en valeur, multiplié la recette, & diminué les dépenses; déjà on admire les succès de sa charité; on la loue, on la chérit, tous les cœurs lui sont ouverts, c'est le moyen d'ouvrir les bourses, & d'être utile aux pauvres.

Monseigneur le Maréchal de Noailles l'honora de sa bienveillance & de son estime. Ce Seigneur, recommandable par sa piete, & son amour pour les pauvres, aussi-bien que par tous les talens qui ont montré le grand homme dans les négociations, dans le gouvernement des Provinces, dans les Sieges & les Batailles, dans

IV. M. le Maréchal de Noailles l'estimoit.

les Conseils du Roi, & dans tous les évenemens qui demandoient toute la perfection de la sagesse & de la prudence, admiroit la foi, le zele, la la charité & le bon sens de la Sœur Bony. Il se déclara son protecteur dans toutes ses peines, & son bienfaiteur dans tous ses besoins. Il lui donnoit souvent, & avec bonté, des audiences, & s'entretenoit avec elle de la situation de sa Maison.

Ce qui attachoit Monseigneur le Maréchal à cette pieuse Fille, c'est qu'il découvroit en elle ce qu'il aimoit, la candeur, la simplicité, le zele de la Religion, & l'art de gouverner une Maison, dont les revenus étoient modiques, & de procurer aux pauvres leurs besoins les plus pressans.

Sa grandeur fit éclater deux fois son zele pour le bien des pauvres de l'Hôpital de Saint Germain-en-Laye d'une maniere particuliere, car elle n'a jamais cessé de les protéger.

La premiere, dans une cherté qui allarmoit la Sœur Bony, en lui procurant une quantité de Bled à vingt-quatre livres le septier, pendant qu'elle le payoit quarante francs.

La seconde, en employant son autorité pour rendre à l'Hôpital la Sœur Bony que les Supérieurs avoient appellée, dans le besoin, à un autre emploi, & dont l'absence causoit à cet asile des pauvres un déchec qui commençoit à allarmer.

Monseigneur le Duc d'Ayen a honoré & protégé aussi la Sœur Bony jusqu'à sa mort. Ce Seigneur, qui soutient la grandeur de sa naissance & l'élévation des places qu'il occupe par les vertus, les talens & l'esprit qui rendent précieux le guerrier, le favori d'un grand Roi, & l'amateur des Sciences & des Arts, la recevoit avec bonté, s'entretenoit avec elle, avec satisfaction, & saisissoit toutes les occasions de l'obliger. Elle lui en fournissoit souvent, parce que ses pauvres avoient besoin de sa protection.

La Sœur Bony ne perdoit point à se faire connoître des grands; elle avoit un don de leur parler qui leur plaisoit & les touchoit. Il y a une simplicité qui plaît, & sur-tout à ceux qui par leur rang, n'entendent que rarement le langage d'une ame remplie de l'esprit de Dieu.

V. Le don qu'elle avoit de parler aux Grands.

On ne plaît pas aux Grands quand on veut se piquer de briller dans les conversations qu'ils daignent tenir avec ceux qui sont au-dessous d'eux. Les plus humbles veulent qu'on sente la grace qu'ils accordent, lorsqu'ils se montrent, & qu'ils écoutent. Quelque mérite que l'on ait, il faut toujours paroître devant eux en suppliant.

Cependant un air gêné & rampant, des hommages qui approchent de l'adoration, les basses ressources de l'adulation les révoltent, au lieu de les flatter. Le langage de la Religion, de la sincérité, d'un cœur qui s'ouvre & s'explique avec modestie, avec confiance, avec sagesse, leur plaît, & c'est cet art que la Sœur Bony possédoit.

Elle n'avoit rien dans tout son extérieur qui pût flatter ceux qui aiment autre chose que les charmes de la vertu, & les graces de la modestie; mais

mais les Grands qui aimoient la Religion, étoient charmés quand elle leur rendoit sa visite; sa présence leur inspiroit une sorte de respect, ils lui faisoient accueil, la faisoient asseoir, & prenoient plaisir à l'entendre parler de Dieu, du néant du monde, & du besoin que les pauvres ont des secours des riches. Elle avoit du discernement, de l'esprit, on ne lui en auroit pas imposé aisément. Elle traitoit des intérêts des pauvres avec autant de prudence, de sagesse, d'habileté que les plus fins politiques traitent des intérêts des Souverains qui les honorent de leurs pouvoirs.

La charité qui lui faisoit mettre un voile sur des actions, des démarches, une conduite répréhensible, pouvoit faire croire à ceux qui ne la connoissoient pas comme moi, qu'elle ignoroit, faute d'usage du monde, tout ce qui est contre la prudence, la décence & l'obligation d'édifier, mais rien n'échappoit à sa vigilance & à sa pénétration, & j'ose dire qu'avec l'innocence la plus pure, elle étoit assez habile pour découvrir les pieges les plus secrets qu'on auroit tendus à l'innocence qu'elle étoit chargée de conserver ; c'étoit un tréfor entre ses mains dérobé à tous les dangers de la séduction.

Quand je me représente la Sœur Bony devant les grands & les riches pour solliciter leurs libéralités, & ouvrir leurs cœurs à la compassion, je me représente cette femme qui se présenta devant David pour solliciter la grace d'Absalon. Elle commence par louer la clémence du Monarque, ensuite elle lui rappelle la brieveté de nos jours, & elle finit en lui disant qu'il doit user de miséricorde envers un fils ingrat, s'il veut que Dieu lui pardonne ses péchés à sa mort.

La Sœur Pony faisoit auprès des grands pour les pauvres, ce que cette femme faisoit auprès de David pour Absalon ; elle parloit avec le même respect, avec la même sagesse, la même fermeté. D'abord elle les remercioit de la protection qu'ils accordoient à ses pauvres, elle louoit leur générosité, elle rappelloit même celle de leurs peres ; ensuite c'étoient des sentimens, des morales qui plaisoient, & touchoient d'autant plus, que la vérité, la simplicité, l'onction y donnoient des charmes dont on ne pouvoit se défendre ; enfin elle finissoit, en leur montrant le Ciel, qu'ils ne pouvoient obtenir à la mort, que par l'aumône ; c'est ainsi que cette pieuse Fille, sans se déplacer, parloit aux grands, aux riches ; ils ne furent pas les seuls qui estimerent la Sœur Bony : ceux même qui lui avoient été les plus opposés dans les commencemens, furent forcés de la respecter.

Une vertu soutenue triomphe de toute la malignité des mondains qui ont intérêt de parler contre la dévotion, & de lui prêter des vues toutes humaines. Les plus belles & les plus éclatantes actions des Justes ont aussi le fort de la pieté. L'envie a toujours des ressources pour obscurcir l'éclat du zele & de la charité. Il y a dans les Saints même des foibles, qu'on saisit pour renverser, si l'on peut, l'édifice de la plus brillante ré-

VI. Elle est respectée de tout le monde.

putation; mais les mondains & les libertins sont forcés de respecter une vertu soutenue, une dévotion solide, éclairée, une personne toujours humble, modeste, recueillie, qui remplit fidelement & constamment les devoirs de son état.

Judith étoit devenue célebre dans Bethulie; elle étoit honorée, respectée: pourquoi? Est ce qu'elle étoit répandue dans le grand monde? Est-ce qu'elle faisoit l'ornement des compagnies? Est-ce parce qu'elle devoit délivrer sa patrie, & effacer par la protection miraculeuse du Ciel la gloire des plus grands Conquérans? Non, c'est qu'elle craignoit le Seigneur; c'étoit une veuve qui couloit des jours purs dans l'innocence, la priere, les jeûnes & la méditation de la Loi de Dieu. Elle étoit honorée, respectée, parce que sa vertu étoit constante, soutenue; il ne se trouvoit pas dans *Livre de* toute la Ville da Bethulie, dit le Saint *Judith, ch.* Esprit, une seule personne qui parlât *8.* contr'elle, tous unanimement faisoient son éloge.

Or, j'ose le dire & l'assurer, la

Sœur Bony a eu cet avantage durant quarante années qu'elle a gouverné l'Hôpital de Saint Germain. Elle a été honorée & respectée universellement, & ceux même qui lui étoient les plus opposés, n'ont jamais pu lui reprocher que la fermeté d'un zele que Dieu a soutenu & récompensé.

Une personne qui est en place, qui veut le bien, est forcée de s'opposer aux entreprises de ceux qui y mettent des obstacles, se fait des ennemis qui l'examinent, qui éclairent ses pas ; jaloux de sa réputation, ils cherchent dans tout le cercle de sa vie des foibles, des fautes, pour répandre au moins des nuages sur l'éclat de ses vertus ; mais quelle consolation! quelle gloire ! quand on n'a rien à lui reprocher, & que les plus emportés ne peuvent se plaindre qu'en donnant malignement le nom d'obstination à une fermeté sage & chrétienne.

Dans tous les différens états qui composent la Ville de Saint Germain, la Sœur Bony y a toujours été honorée. J'ai entendu les riches & les pauvres, les personnes qui menent une vie réguliere, & celles qui vivent plus au large, les Prêtres & les Laïques, tenir le même langage sur la sainteté de sa vie, la grandeur de sa foi, l'ardeur de sa charité, & l'étendue de son zele. J'ai entendu ceux même qui avoient quelque intérêt à ne pas louer sa fermeté, dire publiquement, la Sœur Bony étoit une sainte Fille, on ne peut pas en disconvenir.

Or on ne peut pas ignorer que dans les Villes de Province, & sur tout à S. Germain, où il y a tant de personnes oisives, où il se forme tous les jours des cercles pour s'amuser, la médisance ne regne beaucoup. C'est là que des yeux curieux, des oreilles attentives, des langues critiques amassent & débitent des trésors de malignité. Il falloit donc être une autre Judith pour être ménagée, honorée, respectée au tribunal que s'érigent les médisans. Oui, telle fut la Sœur Bony, son éminente pieté fit bien, il est vrai, des stériles admirateurs, mais elle n'eut jamais des censeurs; elle n'eut point d'autres peines que celles que lui causoient les besoins des pauvres, & point d'autre joye que celle qu'elle sentoit lorsque la Providence procuroit quelques accroissemens à son Hôpital.

L'allégresse couloit dans son cœur quand des personnes aisées la visitoient, & lui faisoient espérer quelques secours ; sa charité étoit alors si éloquente, qu'elle enflammoit les desirs naissans de ceux qui lui parloient. Elle déterminoit & achevoit la bonne œuvre.

VII. Fondation pour de pauvres Orphelines.

Un jour qu'elle rendoit sa visite à M. de Gonigham, Prieur de Saint Germain, ce pieux, vigilant, zélé & laborieux Pasteur, qui a fourni une longue & pieuse carriere, simple & frugal, & qui employoit un ample patrimoine, ainsi que les revenus de son Bénéfice, en aumônes & en bonnes œuvres, & qui étoit plus jaloux de soutenir la dignité du Sacerdoce, que l'éclat de sa naissance, lui dit qu'il vouloit fonder à l'Hôpital treize places pour de jeunes Orphelines dans la pauvreté.

La Sœur Bony ne put pas attendre qu'il eut expliqué son projet, la joye qui s'étoit répandue dans son cœur la transporta ; elle se jetta à ses pieds pour lui en marquer sa reconnoissance ; on eut dit qu'il lui eut accordé une grace essentielle qui la regardoit. Les ambitieux ne sont pas plus contens, plus satisfaits quand ils ont obtenu les faveurs qu'ils briguoient, que cette pauvre Fille, quand elle sçut le projet de charité que Monsieur le Prieur avoit conçu.

Il s'exécuta. M. de Gonigham prit les arrangemens nécessaires pour assurer cette Fondation. Elle fut acceptée & revêtue des formalités nécessaires.

Alors la Sœur Bony vit avec joye cette nouvelle assemblée confiée à son zele & à sa vigilance. On disposa un Logement séparé. On le distribua en un Réfectoire, une Salle de travail & d'exercices, un Dortoir; on habilla ces Enfans uniformément, mais avec propreté & décence ; on leur donna pour Maîtresse une Fille de la Charité qui préside à leur éducation, à leur travail : je ne sçaurois assez louer le zele avec lequel on éleve ces Enfans. On les instruit des vérités de la Religion. On les forme au travail, à la vertu ; les tendres soins qu'on a de leur santé, & les caresses que l'on fait aux petites nouvellement entrées.

On reçoit ces Orphelines à sept ans, & on les garde jusqu'à vingt ans. Lorsque le temps étoit expiré, la Sœur Bony leur servoit de mere ; elle faisoit une quête pour les fournir de robes & de linges ; elle les plaçoit chez des personnes de confiance ; elle en a marié plusieurs qui vivent honnêtement, & qui profitent sur-tout de ses charitables avis, & de ses bons exemples.

Mais M. de Gonigham, en faisant cette Fondation, assura des fonds dont les revenus sont diminués par le sort qu'ont eu les Actions qu'il a données pour la nourriture & l'entretien des Enfans ; & c'est ce qui allarmoit la Sœur Bony. Elle craignoit qu'on ne pût pas conserver le même nombre ; elle en gémissoit, & confioit ses craintes, sur-tout à ceux qu'elle préfumoit en état de fuppléer à la diminution.

Peut-être, me difoit-elle, fe trouvera-t-il une perfonne charitable qui augmentera les fonds pour perpétuer la bonne œuvre.

Elle n'a pas eu cette confolation avant fa mort, mais Dieu la foutiendra. Quelques riches occupés de leur falut, feront l'inftrument de fa charité.

Quoique la Sœur Bony fut occupée du foin des pauvres, & des moyens de leur procurer des accroiffemens, elle n'en étoit pas moins recueillie & appliquée aux exercices de pieté. Comme elle n'avoit que Dieu en vue dans tout ce qu'elle faifoit, elle ne perdoit jamais fa préfence, & pour le faire glorifier comme il le fouhaite, elle s'étudioit à connoître les différens caracteres de fes Sœurs, afin d'entretenir la paix & l'union dans fa Maifon.

VIII. L'union qu'elle fait regner parmi fes Sœurs.

Nous ne devons pas être étonnés de voir regner quelquefois la défunion dans les plus petites Communautés, même dans la premiere fa-

famille du monde deux freres ne furent pas unis de sentimens ; ce n'est pas le grand nombre qui cause ces petits schismes qui n'éclatent que trop souvent au dehors, & portent les gens du monde à censurer sans distinction les plus saintes Communautés ; c'est le défaut de charité, & la différence des caracteres.

La multitude des premiers Chrétiens dont parle Saint Luc, formoit certainement une grande Communauté, cependant l'union y regnoit, ils ne faisoient tous qu'un cœur & qu'une ame.

Le préjugé des mondains contre les Communautés, à cause des bruits qui y arrivent, & des scènes qui s'y passent, est injuste ; car ce n'est pas plus l'état saint qu'une personne a embrassé qui cause les divisions qui éclatent dans les Cloîtres, que celles qui éclatent dans les familles Chrétiennes ; c'est, je le répete, l'opposition des caracteres, des humeurs, c'est le défaut de charité, qui est patiente, modeste, & unit tous les cœurs. Il ne suffit pas d'être renfermés tous dans un même lieu comme les Apôtres, de porter le même habit, de suivre en général la même regle, il faut être uni de cœur & d'esprit pour faire le bien, & goûter les douceurs de son état.

Si l'on fait attention à la cause des bruits & des divisions qui répandent le trouble dans le calme même des retraites, il sera facile d'appercevoir qu'il n'y en a point d'autre que la différence des caracteres. Ce n'est point la regle, puisqu'elle recommande la paix & l'union, ce n'est point pour s'opposer à la vertu ou au bien, puisque toutes prétendent conserver la charité, & qu'elles sont toutes réunies pour les exercices de pieté, pour remplir les obligations de leur emploi, & pour la fréquentation des Sacremens : non, c'est que toutes n'ont pas le même caractere; l'humeur domine, & nous voyons dans les écrits & dans les actions des Saints, regner la douceur ou la vivacité. Il y a des gens vifs, & des gens tranquilles, austeres & doux, il faut sçavoir les distinguer & les mé-

ménager pour entretenir la paix, & gouverner paisiblement une Communauté.

La Sœur Bony possédoit cet art dans un degré éminent; elle développoit aisément les caracteres, sçavoit excuser la lenteur ou la vivacité, quand elle n'avoit pour principe que le tempéramment, & ne portoit pas ces traits qui caractérisent la paresse ou la colere. Elle avoit aussi le talent d'excuser les fautes qui pouvoient indisposer une Sœur contre une autre.

Comme la douceur, la charité, la bonté, l'attention aux besoins de ses Sœurs caractérisoient son gouvernement, il étoit doux, paisible; elles se faisoient un plaisir de lui obéir, & de la prévenir même.

Cette pieuse & aimable union qu'elle entretenoit, étoit admirée, elle excitoit même l'envie de ceux qui n'en goûtoient pas les douceurs par leur faute; mais comment cette union n'auroit-elle pas fait les délices des Sœurs de l'Hôpital, la Sœur Bony entretenoit leur pieté & leur ferveur par les discours touchans qu'elle leur faisoit.

IX. Les discours qu'elle faisoit à ses Sœurs.

On parle bien de Dieu quand on en est rempli. On sçait promptement & éminemment ce qui regarde le salut, quand on a le Saint Esprit pour maître. La force & l'onction qu'il donne aux paroles, leur donnent une efficace pour toucher les cœurs que n'ont pas les discours de la sagesse mondaine, & l'éloquence des Orateurs qui parlent avec art & avec grace.

Le langage de la charité, de la foi, d'une piété tendre, affectueuse, fait plus d'impression sur leur cœur qu'un discours étudié. Ceux qui ont l'onction de la grace en parlent mieux que ceux qui sçavent la définir. Quand on ne veut que plaire à Dieu & être utile aux ames, c'est au cœur que l'on parle lorsqu'on instruit son prochain.

La Sœur Bony, dans les discours qu'elle faisoit à ses Sœurs, parloit de l'abondance du cœur, & comme son cœur étoit toujours embrasé du divin amour, ses paroles étoient des paroles de feu qui les éclairoient, les touchoient & les animoient à faire l'œuvre de Dieu avec zéle, avec ferveur.

C'étoit toujours sur les obligations de leur état qu'elle les entretenoit ; servir Dieu & les pauvres, voilà, disoit-elle, la vie d'une Fille de la Charité ; servir les Pauvres, c'est servir Jesus-Christ ; servir Dieu c'est le prier, lui exposer notre foiblesse, l'aimer, l'adorer, & méditer ses miséricordes. On ne quitte pas Dieu quand on quitte une lecture, l'Oraison, quand on remet le Chapelet pour courir au lit d'un pauvre qui a besoin d'un prompt secours pour le consoler, l'exhorter à la patience ; la charité ne sépare pas de Dieu, mais nous unit à lui avec des liens parfaits, puisqu'il demeure en nous, & nous en lui, quand nous l'aimons & que nous sommes assurés que nous l'aimons, quand nous remplissons nos obligations avec exactitude, avec joye, avec zéle.

Elle disoit encore des choses admirables sur l'état que les Filles de la Charité ont embrassé.

Quel avantage ! quel honneur ! quelle gloire, difoit-elle, d'être les fervantes des pauvres, puifque c'eft Jefus-Chrift que nous fervons; ce divin Sauveur difoit à Saul qu'il le perfécutoit, parce qu'il perfécutoit fes membres, quand nous paroîtrons devant fon tribunal, il nous dira que nous l'avons fervi, parce que nous aurons fervi fes membres fouffrans, en fervant les pauvres.

Enfin, dans ces pieux entretiens elle les précautionnoit contre les dangers auxquels elles font expofées par leur état, puifque nous n'avons point, leur difoit-elle, d'après fon faint Fondateur, d'autre Cloître que les ruës, d'autre voile que la modeftie, d'autres liens qui nous attachent à notre état, que ceux de la charité; portons par-tout le recueillement, ne perdons point la préfence de Dieu dans les vifites néceffaires, dans nos voyages, dans les occupations de notre place; ne mettons notre gloire que dans la liberté des enfans de Dieu, & non pas dans la liberté que nous avons de manquer

à

à notre vocation, & de nous perdre.

Toutes celles qui l'ont entenduë, m'ont assuré qu'elle avoit un don de parler qui annonçoit sa piété, sa foi, sa charité, & le fruit qu'elle tiroit de ses lectures. Elle n'avoit pas moins de zéle pour l'instruction des pauvres.

X. Elle instruit les Pauvres.

Une charité qui se borneroit à nourrir les pauvres, & à les vêtir, sans s'occuper de leur salut, & sans procurer à leurs ames, les secours spirituels dont on est capable, ne seroit qu'une compassion humaine dont les Payens se faisoient gloire. Nous sçavons par l'Histoire, que l'hospitalité étoit recommandée chez eux, qu'ils avoient des Hôpitaux, & que les malheureux n'y étoient pas abandonnés.

L'ame est plus que le corps, & nous devons être plus sensible à sa perte, qu'à celle d'une vie temporelle, qui n'est qu'un passage à l'éternité ; c'est ce que le Sauveur a voulu nous faire comprendre, lorsqu'il a dit, il seroit plus avantageux de perdre les plus précieuses parties de son corps, que de perdre son ame pour toute l'éternité dans les tourmens de l'Enfer.

Quand Saint Paul dit aux Corinthiens, pouvez-vous être innocens lorsque vous voyez votre frere pécher en votre préfence, & perdre son ame que Jesus-Christ a rachetée de son sang? Il leur faisoit bien entendre qu'il ne suffisoit pas de procurer aux pauvres des secours temporels, mais que la charité devoit s'allarmer sur le sort de leur ame immortelle.

La Sœur Bony, dont la foi étoit si vive, & l'amour de Dieu si ardent, regardoit dans son état comme une obligation indispensable, le soin de procurer à ses pauvres tous les secours spirituels dont elle étoit capable, & elle s'en acquitta avec un zéle & une onction qui les touchoient & les portoient à la piété.

Parmi les hommes & les femmes admis à l'Hôpital dans un grand âge & dans l'infirmité, il y en a qui profitent de cette sainte retraite pour repasser les années de leur vie dans l'amertume de leur cœur, qui s'acquittent fidélement des devoirs de la religion, & qui se préparent à une mort chrétienne ; mais aussi il y en a qui y entrent, après avoir abusé de leur santé, dissipé en débauches les fruits de leurs travaux, & négligé tous les devoirs du Christanisme, dans une ignorance volontaire des vérités du salut ; indifférens sur leur destinée future, uniquement occupés du présent, ils ne pensent qu'à boire & à manger, ils ne sont exacts aux exercices de piété que par nécessité, & leurs corps panchés vers le tombeau, ne les font point penser à l'éternité, ils y entrent sans l'avoir méditée.

La Sœur Bony secondoit le zele de Monsieur le Recteur, elle leur faisoit des lectures & des instructions pour les détacher de la terre, les porter à l'amour de Dieu & à la pénitence. L'Apôtre le plus zelé ne leur auroit pas dépeint avec des expressions plus claires, plus vives, plus touchantes les avantages d'un sincere répentir & d'une mort chrétienne. Ayez pitié de vos ames, mes chers enfans, disoit-elle, donnez ces tristes jours de votre vieillesse à Dieu. Les momens sont précieux, vous avez donné toutes vos années aux soins de votre corps, & peut-être à l'intempérance dans les restes usés d'un tempéramment fort & robuste; vous jouissez du repos, vous avez des servantes pour vous soigner, elles sont chargées du soin de vos corps, ayez soin de votre ame, profitez des secours de la Religion qui ne vous manquent pas; de votre Dortoir vous voyez l'Autel où le Dieu des miséricordes réside; ne meprisez pas cette grace singuliere; je me fais un honneur de vous servir, parce que vous êtes les membres de Jesus-Christ, les conquêtes de son sang, & que si vous le voulez, votre misere présente sera comme celle du pauvre Lazare changée à votre mort en une gloire ineffable & un repos éternel.

X I. Elle les sert avec respect.
C'est la Supérieure de l'Hôpital qui sert les pauvres au diner & au souper. Ce n'est qu'en son absence ou lorsqu'elle est retenue par la maladie ou quelques affaires qui ne peuvent pas se remettre, qu'une autre Sœur remplit cette fonction.

Mais ce n'est pas précisément dans l'exactitude de la Sœur Bony à remplir ce devoir que je fais consister son mérite; toutes les fonctions attachées à la supériorité ou à la grandeur d'une place, honorent ceux qui s'en acquittent au lieu de les abbaisser. Ce sont tous les plus grands personnages de l'Eglise & de l'Etat que l'on voit prosternés aux pieds des pauvres le Jeudi-Saint. Cet abbaissement extérieur est devenu une cérémonie d'éclat & un honneur qu'on ne céderoit pas à ses inférieurs : un Prince, une Princesse ne s'humilie pas aux yeux du monde en allant servir les pauvres dans un Hôpital. Ils ne perdent rien de leur grandeur, au contraire ils sont obligés de se précautionner contre les louanges qu'on leur donne, & n'ont à redouter dans ces bonnes œuvres d'éclat, que les coupables retours de l'amour propre.

C'est l'idée que l'on conçoit de la pauvreté que Jesus-Christ a honorée par son choix, aussi-bien que du précepte qu'il nous a fait de le regarder dans la personne du pauvre, qui décide du mérite des services que nous rendons aux malheureux. Or comme l'amour de la Sœur Bony pour les hommes avoit pour principe Jesus-Christ même, elle se faisoit un honneur de les servir. Comme Supérieure c'étoit un devoir qu'elle remplissoit, mais comme une mere tendre des pauvres, elle satisfaisoit son inclination.

On la voyoit distribuer les portions avec joye & une sorte de respect, & toujours accompagner la nourriture du corps de ces paroles de vie qui sont la nourriture de l'ame.

La nourriture des pauvres de l'Hôpital, quoique simple, est suffisante, & si elle est proportionnée aux revenus modiques de la Maison, elle l'est aussi à l'âge, à la santé, & au repos des pauvres. On peut assurer même qu'elle les rétablit des privations qu'ils ont souffertes avant d'y être admis, qu'elle prolonge leurs jours. Une femme qui y est entrée à soixante & douze ans y a vécu trente-un ans;

& y est morte il n'y a pas long temps âgée de cent trois ans *.

Mais comme je l'ai déja fait remarquer, il y en a parmi ces pauvres qui pensent plus au corps qu'à l'ame: c'est pourquoi il s'en trouve qui murmurent, ou de la qualité, ou de la modicité des portions, & c'est à ceux-là que la Sœur Bony faisoit des réponses qui me donnoient une grande idée de sa foi, de sa charité & de sa prudence.

Quand ils se plaignoient, elle leur disoit, *Dieu m'a commandé de vous servir, il ne m'a pas commandé de vous contenter.* On n'ignore point que certains pauvres ne sont jamais contens, & que ceux qui leur sont utiles, sont ceux qu'ils menagent le moins.

Quelquefois elle leur disoit, *vous ne regardez que vous-mêmes, vous ne pensez pas à ceux qui viendront vous remplacer. Il vous importe peu que l'Hôpital subsiste après vous, mais nous ne sommes que des œconômes de ses revenus. La prudence & la charité demandent que nous y conformions*

* Charlote Thenne, veuve de Noel Goyell, inhumée dans le Cimetiere de l'Hôpital le 2 Mai 1756.

les dépenses ; *nous serions coupables, si pour vous satisfaire nous étions la cause de la ruine de cette Maison.*

C'est ainsi que cette pieuse Fille prenoit l'intérêt des pauvres contre les pauvres mêmes.

La Sœur Bony, malgré les succès dont Dieu récompensoit son zele, étoit toujours pénétrée de son insuffisance, c'est pourquoi non-seulement elle prioit, mais elle se recommandoit aux prieres du Révérend Pere Gourdan, pour obtenir du Ciel les graces qui lui étoient nécessaires pour faire le bien, & le perpétuer.

XII. Elle consulte le R. P. Gourdan.

Ce fut dans les commencemens de sa supériorité sur-tout qu'elle sentit le besoin qu'elle avoit d'être aidée par les prieres & les conseils de ces grands serviteurs de Dieu, qui lui sont agréables par la grandeur de leur foi, de leur charité, de leur détachement, de leur pénitence, & de leur zele pour sa gloire & pour le salut des ames.

Dans ce temps florissoit en sainteté le Révérend Pere Simon Gourdan, Chanoine Régulier de Saint Victor à Paris : Dieu lui inspira le dessein de pratiquer

pratiquer les austerités que l'on pratiquoit à la naissance de son Ordre, & docile à la grace qui l'appelloit à la ferveur primitive ; sa carriere qui fut longue, fut une carriere de mortifications, d'austérités mêmes. Ses jours s'écoulerent comme ceux des plus parfaits Solitaires dans les jeûnes, les veilles, les prieres, une perpétuelle retraite & un généreux détachement du monde. Ce n'étoit point par singularité, ni pour s'élever au-dessus de ses Freres, qu'il avoit embrassé ce genre de vie qui étonna son siécle, & le fit regarder comme un célebre pénitent, c'étoit pour assurer son salut, en suivant les attraits d'une grace singuliere, qui l'appelloit à cette haute perfection.

Le Révérend Pere Gourdan, quoique toujours caché dans son Cloître, fut bien-tôt l'objet de l'admiration de la Cour & de la Ville ; une sainteté soutenue fait des admirateurs dans tous les états, & le monde même cherche ceux qui le meprisent, quand c'est la foi, & non le caprice qui les dérobe à ses yeux.

P

On alloit à Saint Victor voir l'homme de Dieu; on le consultoit, on se recommandoit à ses prieres, dans lesquelles on avoit une parfaite confiance. Les grands voulurent avoir aussi cette consolation; il eut même l'honneur de voir dans sa solitude notre glorieux Monarque, lorsqu'il étoit enfant. Madame la Duchesse de Vantadour & Monsieur le Duc de Villeroy ne pouvoient donner à ce saint Religieux une preuve plus éclatante de la haute idée qu'ils avoient conçue de sa sainteté.

Si pour suivre le jeune Monarque il entra pour cette fois seulement dans le jardin de sa maison, il prouva ensuite qu'il y a une grande différence entre respecter son Prince, & profiter de ses bontés pour s'avancer dans un monde auquel on a renoncé. Il refusa constamment & successivement plusieurs grands Bénéfices qu'on le conjuroit d'accepter.

Le Pere Gourdan fut utile dans sa retraite par ses prieres, les avis qu'il donnoit, & les ouvrages de piété qu'il composoit & que nous possédons. La

Sœur Bony qui l'estimoit, & qui avoit une parfaite confiance en lui, profita de tous ces avantages. Elle le prioit de s'intéresser auprès de Dieu pour son salut, pour le succès de la bonne œuvre qu'elle entreprenoit, pour la paix & l'union de sa Maison. Ce saint homme, qui voyoit la pureté de ses intentions, & la grandeur de sa foi, lui disoit : vous ne cherchez que Dieu, vous ne voulez que sa gloire & le bien des pauvres, vous serez exaucée. On prie au nom de Jesus-Christ quand on ne demande que ces choses, & le Saint Esprit nous assure qu'on ne refuse rien à ceux qui demandent au nom de Jesus-Christ.

Elle profitoit de ses avis pour conserver le calme dans son cœur, ne point s'élever dans le succès, ni s'abbattre dans les contradictions. Enfin elle profitoit de la lecture de ses ouvrages, qui respirent une piété tendre, pour s'avancer dans la vertu, aussi y a-t'elle fait de grands progrès.

La Sœur Bony élevoit l'édifice de sa sanctification sur un fondement solide, parce que c'étoit sur une hu-

XIII. Son humilité.

milité sincere & profonde que toutes ses autres vertus étoient fondées.

Il seroit comme inutile de prouver à ceux qui connoissent l'esprit du Christianisme, qu'une personne éminemment pieuse étoit humble, puisque l'humilité, comme l'a remarqué Saint Augustin contre les Payens, est le fondement du Christianisme, toutes les autres vertus ne sont des vertus sinceres & solides, que lorsque la premiere, qui est l'humilité, les soutient. La plus rare piété n'est qu'un phantôme imposant, quand l'orgueil l'accompagne ; on ne va à Dieu qu'en s'humiliant, depuis qu'un Dieu s'est abbaissé pour descendre jusqu'à nous, & l'on est coupable à ses yeux même en faisant le bien, quand on se glorifie de l'avoir fait, au lieu de glorifier celui qui le fait faire.

L'humilité de la Sœur Bony étoit une humilité sincere & chrétienne, parce que c'étoit en elle un sentiment vif de sa misere, de sa foiblesse & de son indignité. Quand elle parloit de cette vertu, elle prononçoit des oracles, elle ne s'humilioit pas avec art,

Elle n'opposoit pas aux louanges qu'on lui donnoit, des défauts qu'elle n'avoit pas, comme ceux qui ne s'humilient que pour jouir de la gloire attachée à l'humilité qui veut bien s'abbaisser, pourvu que d'autres les élevent, & qui n'évitent la hauteur, que parce que le monde même la déteste. Son humilité étoit celle de l'Evangile ; on la reconnoissoit dans ses discours & dans sa conduite.

Que sommes-nous, disoit-elle, de notre propre fond, sinon un abîme de misere ? Pourquoi ne sommes-nous pas semblables à ceux dont nous détestons les mœurs licentieuses ? Est-ce parce que nous n'avons pas les mêmes penchans ? Non, c'est parce que Dieu nous soutient. Ce sentiment de sa misere, lui faisoit dire tous les jours plusieurs fois ; Seigneur, sans vous je vais périr, un moment laissée à moi-même, suffit pour ma perte.

Elle disoit souvent à ses Sœurs, que sommes-nous pour avoir l'honneur de servir Jesus-Christ dans ses membres ? Que le monde à cause de notre habit, de nos fonctions, ne comprenne pas cet avantage, je n'en suis pas étonnée ; mais nous que la grace a appellées à cet état, nous devons avouer humblement que nous sommes indignes de cet honneur.

Son humilité éclatoit aussi dans les mépris & les injures même. Un jour qu'elle prenoit avec fermeté l'intérêt des pauvres, on méprisa ses avis, on lui imposa silence, on lui ordonna même de se retirer, en lui disant, qu'elle n'étoit qu'une servante ; elle répondit avec modestie, j'ai cet honneur, quoiqu'indigne, & je partage cette gloire avec tous ceux qui gouvernent cette Maison, & qui lui sont utiles.

On ne l'a jamais vue se prévaloir de son ancienneté, de sa place de Supérieure, ni des services essentiels qu'elle avoit rendus à la Maison, pour être distinguée, ou se donner certaines commodités ; au contraire oubliant ses travaux & tout le bien qu'elle avoit fait, on l'a vue dans le déchet évident de sa santé, & dans sa maladie même gémir des peines qu'elle donnoit, & des petites dépenses qu'elle occasionnoit. On eût dit, à l'entendre, qu'elle étoit une étrangere, que la compassion seule engageoit à sécourir.

C'est ainsi que la Sœur Bony étoit humble, selon l'esprit de l'Evangile, parce que son humilité consistoit dans un sentiment sincere de sa misere, parce qu'elle reconnoissoit qu'elle tenoit tout de Dieu, & qu'elle ne méritoit rien, parce qu'elle ne faisoit sentir qu'elle étoit Supérieure que lorsqu'il s'agissoit d'observer la régle, ou d'être utile aux pauvres; ne soyons pas étonnés de son humilité, sa foi étoit grande.

XIV. Sa foi.

Si la foi dans tous les Chrétiens étoit également humble, soumise, vive, agissante, on ne seroit pas fondé à louer celle de la Sœur Bony, il n'y auroit rien qui la distinguât de la foi de tous ceux qui ne sont pas engagés dans l'héresie; mais deux choses nous portent à rappeller aux Fidéles la grandeur de la foi de certains Serviteurs, & de certaines Servantes de Jesus-Christ.

La premiere, c'est que parmi les

P iiij

Chrétiens qui croyent, il y en a beaucoup en qui la foi est assoupie, & quelquefois morte, pour parler le langage de l'Ecriture ; beaucoup qui en perdent le mérite par la curiosité, l'orgueil, la témérité, les doutes, les raisonnemens ; beaucoup qui languissent dans de vaines questions, qui ne veulent se rendre qu'aux démonstrations géométriques, & qui ne conservent pas le dépôt de la foi dans sa pureté, parce qu'ils lui préfèrent le tribunal de leur orgueilleuse raison.

La seconde, c'est que Jesus-Christ a loué singulierement, & avec admiration même, la grandeur de la foi du Centenier & de la Cananéenne.

Je n'ai point trouvé dans tout Israël une si grande foi, dit-il, en admirant celle du Centenier. O! femme, votre foi est grande, dit-il à la Cananéenne, en admirant son humilité, sa confiance & sa persévérance.

Il y a donc une soumission, une confiance, un amour, un sacrifice généreux de sa raison, qui donnent à la foi de certains Justes, des traits de perfections dignes de notre admiration. Or la Sœur Bony avoit une foi dans laquelle tous ces traits éclatoient, & on peut la proposer aux fidéles, comme celle du Centenier, & celle de la femme Cananéenne.

On admiroit sa foi, on disoit dans Saint Germain, qu'on n'en avoit jamais vu une si grande, si vive, si parfaite. Des Ecclésiastiques éclairés, & qui la connoissoient à fond, me dirent, avant que j'eusse le bonheur de la connoître, qu'elle avoit cette foi capable de transporter les montagnes dont parle le Sauveur.

Sa foi lui rendoit présent l'avenir, & étoit en elle, comme Saint Paul la définit, une conviction des choses qu'on ne voit pas, mais que Dieu a révelées.

Sa foi la détachoit de la terre, & lui faisoit remporter des victoires sur le monde, & triompher de tous les obstacles qui s'opposent au salut ; on la voyoit abîmée en la présence de Jesus-Christ sur l'Autel ; elle l'adoroit avec le respect & le saisissement des Anges.

C'est sa foi qui allumoit ce zele

qu'elle a fait éclater pour la beauté de la Maison de Dieu ; c'est elle qui a orné l'Eglise de l'Hôpital qui est propre, décente, & fournie des ornemens nécessaires; le Maître-Autel, la Chaire, les Confessionnaux, la boiserie qui regne à l'entour de ce saint lieu, les Reliquaires, les Tableaux, sont des présens, des libéralités que sa piété, son zele ont obtenus.

Peut-on avoir de la foi, disoit-elle, & ne gémir pas quand la Maison de Dieu n'est pas propre & décente ? Le Sauveur qui repose dans le Tabernacle a reposé à sa naissance, il est vrai, dans une Etable ruinée ; mais des Rois sont venus de loin l'y adorer, & lui apporter des présens, faisons nos efforts pour que le Trône de sa miséricorde sur la terre ne soit pas sans quelque éclat extérieur qui annonce notre respect.

Des mondains qui l'entendoient raconter des miracles opérés par l'intercession des Saints, qui la voyoient toujours environnée de Réliques, les réverer, les baiser avec confiance, qui voyoient son empressement pour gagner des indulgences, pouvoient peut-être l'accuser secretement d'être trop crédule, & la regarder comme une Fille pieuse, mais ignorante; car selon l'esprit du monde, & sur-tout le goût dominant de notre siécle, on est simple, on n'a qu'un génie borné, quand on fait profession d'une exacte piété, & qu'on respecte les devotions les plus autorisées. Mais il est aisé de prouver que la Sœur Bony étoit prudente & éclairée dans sa dévotion.

Elle n'honoroit que les Saints que l'Eglise honore, & dont elle a constaté juridiquement la sainteté; elle ne portoit que des Reliques des Martyrs ou des Apôtres, & munies du sceau de l'autorité Ecclésiastique. Elle n'avoit confiance que dans les Indulgences accordées par les Souverains Pontifes, ou par l'Evêque du lieu où elle résidoit. C'est avec cet esprit de soumission à l'Eglise Catholique, qu'elle s'est employée pour établir à l'Hôpital une Confrérie destinée à honorer le Sacré Cœur de Jesus. Elle a obtenu du Souverain Pontife des Indulgences pour les Associés, & Monseigneur l'Archevêque de Paris, qui étoit Monsieur de Vintimille, donna la permission en 1741 de célébrer la Fête principale le Dimanche d'après l'Octave du Saint Sacrement, & approuva l'Office que l'on y chante ce jour-là.

Ainsi le zele qu'elle fit éclater pour cet établissement, & qui triompha de tous les obstacles que certaines personnes y apporterent, étoit marqué au coin de la soumission, de la prudence, de la piété la plus tendre, & de l'amour de Dieu le plus vif & le plus ardent.

Comment cette pieuse Fille, dont la foi étoit si vive, & le cœur si touché de la charité du Sauveur de tous les hommes, auroit-elle pu négliger une devotion si sainte, si autorisée, déja établie dans tant de Diocèses, qui comptoit parmi les Associés des saints & grands Evêques, des Docteurs éminens en piété & en science, une grande Reine, & sa Royale Famille ? Peut on aimer Jesus-Christ & regarder comme inutile une association destinée à rendre un culte si autorisé qui a pour objet l'amour immense du Sauveur pour nous ; n'est-il pas adorable ce cœur ouvert à tous les hommes ?

La Sœur Bony avoit cette simplicité, que Dieu aime, & que l'Evangile loue Je suis assurée, disoit-elle, que ma foi est pure, parce que c'est celle de l'Eglise ma Mere. Sans examen je distinguerai la vérité de l'erreur, parce qu'elle ne se trouve que dans l'Eglise Catholique ; quoique je sois ignorante dans les matieres qui partagent les sentimens, on ne me fera pas prendre le change sur l'Eglise, parce que je n'en reconnois point d'autre, que l'Eglise Catholique, Apostolique & Romaine. Je ne veux point écouter d'autre voix que la sienne ; un Ange même ne me porteroit pas à désobeir à l'Eglise ; j'admirerai la pénitence, les vertus, les lumieres, mais je déplorerai tout cela dans celui qui n'aura pas la foi de l'Eglise ; ainsi parloit cette pieuse Fille, & un fait éclatant va prouver son discernement & son zele.

Il se glissa à Saint Germain pendant sa Supériorité, & lorsque Monsieur de Benoit étoit Prieur, un homme fameux par le personnage qu'il s'étoit proposé de représenter dans le délire d'une imagination échauffée & les impiétés dont il ne rougissoit point. On remarqua en lui dans la suite, toutes les sacriléges extrémités du fanatisme le plus insensé, c'étoit le sieur Vaillant, qui se donnoit pour le Prophete Elie, qui s'enveloppoit artificieusement sous les dehors imposans d'une grande piété.

Il paroissoit ne point manger; il avoit un air composé, on le voyoit dans l'Eglise de l'Hôpital & dans celle de la Parroisse, prosterné des temps considérables, il ne sembloit respirer que l'amour de Dieu, le triomphe de la vérité & la conversion de l'Univers.

Il surprit d'abord l'attention & le respect d'un grand nombre de personnes pieuses. La Sœur Bony fut du nombre, & il ne faut point s'en étonner, il se donnoit pour un Saint, & il en avoit les dehors. Pélage fut bien regardé comme un Saint pendant un certain temps par Saint Augustin,

Saint Jerome, & à Rome par les personnes les plus distinguées & les plus éclairées.

La Sœur Bony reçut le Sieur Vaillant Pensionnaire à l'Hôpital, trompée comme les autres par les apparences de la piété ; mais elle éclaira ses pas, elle examina sa conduite, & s'attacha sur-tout à s'assurer de ses sentimens ; elle ne tarda pas à connoître l'Ange de ténébres transformé en Ange de lumiere.

Trois traits sur-tout firent tomber à ses yeux le voile dont cet imposteur se couvroit. Le Saint disparut, & elle ne vit plus que le faux Prophête & le Fanatique.

Premierement, les discours qu'il lui tenoit. Elle découvrit sous un langage doux & pieux celui de la séduction, & dans les leçons qu'il lui donnoit, pour la porter à une haute perfection, des leçons qui l'auroient conduite au précipice, & lui auroient fait faire naufrage dans la foi.

Secondement, la censure qu'il faisoit de sa dévotion à la très-Sainte Vierge, Mere de Dieu, & des hommages qu'elle lui rendoit publiquement plusieurs fois dans le jour. Sa foi lui fut suspecte dès qu'il désapprouva le culte que nous rendons à Marie.

Troisiémement, & c'est ce trait qui lui inspira le plus d'horreur, & ne lant qu'un sacrilége imposteur. Il se lui fit plus voir dans le Sieur Vaildonnoit pour un Thaumaturge, c'està-dire, un homme qui avoit le don des miracles, & qui n'avoit qu'à parler ou imposer les mains pour opérer des guérisons.

Il y avoit à l'Hôpital, parmi les femmes qui y sont admises, une nommé Alexis Duguet, native de Chambourcy, sourde & muette de naissance. Ce misérable osa lui dire qu'il la guériroit. Il fut au-devant du miracle; il la gagna; elle se présenta; il lui mit de la salive sur la langue & ses doigts dans les oreilles, en lui disant, comme Jesus-Christ au sourd & muet de l'Evangile, *ouvrez-vous*; mais on ne sçut pas plutôt ce sacrilege attentat, qu'on prit la résolution de chasser un homme si dangereux,

reux. La Sœur Bony fut trouver M. de Benoit, qui ne fut pas moins saisi d'horreur qu'elle, au récit de ses impiétés ; il le fit sortir de l'Hôpital, l'obligea même de prendre la fuite.

La sourde & muette se repentit sincérement devant Dieu d'avoir mis sa confiance dans ce malheureux, & elle a vécu chétiennement dans ses infirmités, sans entendre & sans parler, jusqu'à sa mort qui n'est arrivée que le 14 Mai 1746.

Pour la Sœur Bony, elle remercioit tous les jours le Seigneur de l'avoir préservée, & ses Sœurs, des dangers auxquels leur foi étoit exposée pendant le séjour de cet imposteur dans leur Maison. Une Fille qui n'aimoit que Dieu, & qui ne goûtoit que les choses du Ciel, ne pouvoit se prêter qu'à ce qui a rapport à sa gloire, & au salut des ames.

J'ai remarqué que dans toutes ses actions, la Sœur Bony n'avoit en vuë que la gloire de Dieu, le soulagement de ses membres souffrans, l'accomplissement de sa sainte volonté, & que le Ciel l'occupoit toujours

XV. Son goût pour les choses du Ciel.

même dans les occupations qui sembloient ne regarder que le temporel de la Maison.

Elle avoit le don d'allier ces deux choses, qui paroissent si différentes à ceux qui ne sont pas comme ils devroient l'être, dans la présence de Dieu. La vie active & la vie contemplative, le mouvement & le repos, les intérêts de sa Maison & les intérêts de son ame ; le travail & l'Oraison, la dissipation que demandoit sa place & le recueillement nécessaire pour ne point perdre la présence de Dieu.

Je l'ai vuë plusieurs fois aller au pied de l'Autel répandre son ame en la présence de Jesus-Christ, en quittant une occupation qui ne regardoit que l'œconomie du bien des pauvres, passer tranquillement des exercices laborieux du jardin & des vendanges, aux exercices de la plus sublime piété.

Elle paroissoit dans l'agitation, lorsqu'elle disputoit contre ceux qui ne vouloient pas le bien de la Maison, ou qui vouloient élargir la voye que sa sagesse & sa prudence avoient tracée ; mais le calme de son ame n'étoit point troublé, & ses remontrances faites, elle alloit devant l'Image de la Sainte Vierge, se recueillir & implorer son secours auprès de Dieu, pour elle & pour ceux qui s'opposoient aux vuës de sa charité & de son œconomie pour les pauvres.

J'ose dire qu'elle réunissoit dans un dégré éminent, la vie de Marthe & de Marie, le travail & la contemplation. Comme Marthe elle s'agitoit, elle s'empressoit, elle craignoit de ne pas servir comme il faut Jesus-Christ dans ses membres ; comme Marie elle demeuroit des temps considérables à ses pieds, elle l'écoutoit dans un saint repos, & son cœur s'embrâsoit dans la méditation de son amour immense pour les hommes.

Si l'on est étonné de ces merveilles dans une créature sujette à toutes les infirmités & à toutes les miséres de l'humanité sur la terre, que l'on fasse attention que deux choses nous élevent à cette perfection, l'amour de Dieu & le goût des choses du Ciel, qui en est inséparable.

On n'aime pas assez Dieu, parce qu'on aime trop le monde ; & comme l'amour est un poids qui nous entraîne vers l'objet chéri, il n'est pas étonnant que le cœur ne soit pas à Dieu dans toutes les actions qui n'ont point de rapport au salut, & qui ne peuvent lui être rapportées.

Que les personnes du monde examinent la cause de leur trouble, de leur agitation, de leurs allarmes & de leurs craintes, elles verront que c'est parce qu'elles ont d'autres vuës dans leurs occupations, dans leurs projets, que la gloire de Dieu & le salut des ames.

Quand nous aimons Dieu, nous faisons sa volonté ; or de quelque maniere qu'elle s'accomplisse, nous sommes contens.

D'ailleurs, quand nous ne faisons que la volonté de Dieu, nos entreprises, nos occupations, n'ont point ces vuës d'intérêt, d'ambition, de satisfactions terrestres qui agitent le cœur, le troublent, & le remplissent souvent d'amertume.

Or, sur ce principe incontestable, & que les mondains sont eux-mêmes forcés d'avouer, le calme, le repos dont la Sœur Bony jouissoit dans ses travaux, dans ses peines, dans ses souffrances mêmes, étoient le fruit de l'amour divin qui régnoit dans son cœur. La divine charité, comme on le sçait, est plus forte que la mort, & on répandroit l'amertume par torrent dans un cœur qui aime Dieu, qu'il ne cesseroit pas de goûter d'ineffables délices.

Dans le récit même qu'elle faisoit de ses peines, & des différens combats qu'elle avoit eu à soutenir, on admiroit toujours le langage de la charité ; elle excusoit, autant que la vérité pouvoit le permettre, les plus grandes fautes, & avoit toujours un voile à mettre sur celles qui échappent aux Prêtres & aux personnes consacrées à Dieu.

Mais c'étoit lorsqu'elle parloit de Dieu, de la Religion, de l'Eglise, du salut des ames, que sa charité éclatoit. L'embrâsement de son cœur allumoit son visage ; les flammes du divin amour le rendoient tout étincellant, & ses paroles, comme des paroles de feu, échauffoient tous ceux qui l'écoutoient.

Un jour elle rendit une visite à des personnes pieuses, charitables, & dont les aumônes répondoient au moins à leur fortune. C'étoient-là des titres suffisans pour jouir quelques momens de la compagnie de la Sœur Bony. Je me trouvai dans cette maison avec elle; le Monsieur, quoique très-pieux, lui tint quelques momens le langage que tiennent les hommes du monde & les politiques du siécle, sur la dévotion. La Sœur Bony voyant que je ne disois rien (& je n'avois garde de ne pas saisir l'occasion de l'entendre) prit le parti de la solide dévotion, distingua les apparences de la piété, parla de la miséricorde & de la justice de Dieu, de notre destinée future, & du malheur des mondains, avec une justesse, un zéle, une onction, une charité, & sur-tout avec une humilité qui remua & toucha tous les cœurs. Le Monsieur, dans l'admiration, me regarda, & me dit; voilà une sainte. Je lui répondis, on parle bien de Dieu quand on l'aime. Dieu est charité, & c'est la charité qui parle par la bouche de cette pieuse Fille.

Il n'est pas étonnant que le goût des choses du Ciel ait toujours été dominant en elle. Quand on aime Dieu, on desire de le posséder.

Il y a une grande différence entre vouloir aller dans le Ciel à sa mort, & le desirer sincérement pendant sa vie. Tous les mondains seroient fâchés de ne pas l'obtenir, quand tous les objets présens leur échapperont; mais tous les Justes parfaits gémissent de ne le pas posséder assez tôt à leur gré.

Pourquoi oublions-nous le Ciel ? c'est parce que les faux biens de la terre nous paroissent des biens réels; pourquoi ne paroissons-nous pas empressés de le posséder ? c'est qu'il faut mourir pour l'obtenir, & que nous sommes attachés à cette misérable vie. Or, les Justes qui se regardent comme des étrangers sur la terre, qui gémissent dans leur exil, qui soupirent après leur patrie, s'occupent du Ciel, le désirent, s'y élevent comme par avance, par la vivacité de leur amour; & leur conversation y est déja, comme le disoit Saint

Paul, des Chrétiens fervens.

Déja la Sœur Bony étoit épuisée autant par ses travaux, que par le nombre des années; mais on l'exhortoit en vain à ménager sa santé, à se reposer; elle disoit: l'œuvre de Dieu n'est pas achevée, il ne faut point se ralentir à la fin de la carriere, ni se reposer avant que le combat soit fini.

Elle parloit avec joye de sa fin. On voyoit se renouveller en elle l'homme intérieur, à mesure que l'homme extérieur se détruisoit, & parce qu'elle sentoit sans doute des avant-goûts du Ciel qui avoit fixé seul les désirs de son cœur; elle attendoit la mort avec confiance; elle supportoit avec soumission les délais; elle vivoit avec patience, pour mourir comme les Saints avec délices; mais Dieu éprouve & purifie ceux qu'il aime. Dans le temps que la Sœur Bony croit être arrivée au terme, Dieu la perfectionne par une longue maladie, & de grandes souffrances.

Fin du quatriéme Livre.

LA VIE

LA VIE
DE
LA SŒUR BONY.

LIVRE CINQUIE'ME.

SOMMAIRE.

I. *Sa derniere maladie, avec quelle résignation elle l'accepta.* II. *Ses seuls regrets lorsqu'elle fut retenue sur le lit de l'infirmité.* III. *Elle reçoit les derniers Sacremens de l'Eglise.* IV. *L'ardeur de la fiévre diminue. Elle est quatorze mois malade.* V. *Sa patience durant tout ce temps de souffrances.* VI. *On célébre la Messe pour elle pendant neuf jours, à la Chapelle de la*

Sainte Vierge. Grace singuliere qu'elle reçoit. VII. Son desir pour la fréquente Communion pendant sa maladie. VIII. Les discours touchans qu'elle faisoit à ceux qui la visitoient. IX. Ce qu'elle disoit à ses Sœurs, pour les consoler & les instruire. X. Sa tranquillité & sa confiance aux approches de la mort. XI. Sa foi, sa piété, son amour dans ces derniers momens ; ce qu'elle pensoit de la séparation de son ame d'avec son corps ; le desir qu'elle en avoit. XII. Sa mort, & les circonstances qui l'accompagnent.

I. Sa derniere maladie.

ES forces de la Sœur Bony s'épuisoient ; une poitrine échauffée, souvent des accès de fiévre, annonçoient le dépérissement total d'une santé qu'elle avoit prodiguée pour le bien des pauvres.

Vers la fin du Carême 1758, elle fut forcée de se mettre au lit. Une maladie sérieuse se déclara, & causa des allarmes parmi ses Sœurs qui la chérissoient, & qui n'ignoroient pas la perte dont elles étoient menacées, aussi-bien que les pauvres.

Pour la Sœur Bony, elle se mit au lit comme sur une Croix, où elle devoit consommer son sacrifice. Son amour prit des accroissemens dans la foiblesse de son corps. Elle se résigna à la volonté de Dieu, & comme une victime soumise aux coups qui devoient l'immoler, elle est tranquille, & console même ses Sœurs allarmées des progrès de la maladie.

La maladie la plus sérieuse n'allarme point les Justes qui aiment Dieu, & qui désirent de le posséder. Elle ne leur est pas même nécessaire pour les détacher de la vie, puisqu'ils se regardent comme étrangers sur la terre. Les douleurs ne les abbattent point, puisque c'est l'amour qui les a attachés à la Croix dans la santé même : la ruine de leur corps ne les effraye point, puisqu'ils ne sont occupés que du salut de leur ame.

En acceptant la maladie & la mort, la Sœur Bony ne faisoit que perpétuer son sacrifice. Toute sa vie elle avoit été dans un état d'immolation. Les peines, les contradictions, les persécutions même n'avoient point troublé son ame ; sa charité avoit résisté aux vents & aux tempêtes qui s'élevoient contr'elle, parce qu'elle ne regarda jamais que Dieu dans ses souffrances. *C'est lui*, disoit-elle, *qui nous éprouve & nous frappe ; ceux dont nous pourrions nous plaindre, ne sont que des instrumens dans ses mains pour nous punir dans le temps, parce que plein de miséricorde, il veut nous épargner dans l'éternité.*

Pour sa santé, elle ne sçavoit pas la ménager ; elle n'y pensoit pas même lorsqu'il s'agissoit d'être utile aux pauvres. Avant d'être retenue à l'Infirmerie, je l'ai vuë plusieurs fois, malgré les prieres de ses Sœurs & les miennes, travailler au Jardin, veiller aux vendanges, avec un gros rhume & la fiévre ; *il faut travailler jusqu'à la fin,* disoit-elle, *le repos n'est que pour l'autre vie ; quand Dieu ne voudra plus de mon service, il* sçaura bien m'arrêter; *il faut se soumettre à sa volonté, & ne point prévenir les momens qu'il a choisis.*

Une ame si pure, si tranquille, si détachée, n'est pas allarmée, ne se plaint pas, quand la volonté de Dieu se déclare, & qu'une maladie sérieuse menace ses jours. Au contraire, comme il n'y a point, par rapport à elle, d'autres liens à briser que ceux de notre mortalité, elle reçoit avec soumission les coups qui détruisent la maison terrestre, & procurent à l'ame la liberté de voler dans les mains de son créateur.

On admira dans la Sœur Bony sa résignation, lorsque la violence du mal la forçât de se mettre au lit. Son langage étoit celui de la soumission, de la patience, & de la charité; *il faut bien finir*, disoit-elle à ses Sœurs affligées, *je vous remercie des soins que vous voulez bien prendre de ce pauvre cadavre dans la douleur; mais sa destruction me procurera le bonheur de voir Dieu.*

Il n'en est pas ainsi des mondains, quand une maladie sérieuse les arrête dans la carriere des plaisirs ou de la fortune ; plusieurs, semblables à ce conquérant dont parle l'Ecriture, ne pensent que dans ces momens qu'ils sont mortels. En se mettant au lit, les craintes, les allarmes, les frayeurs s'emparent d'eux. Attachés à la vie, ils tremblent à la seule pensée qu'il faut la quitter, ils aiment le monde qui va leur échapper, ils attendent les progrès de la maladie, ils attendent que toutes les ressources soient épuisées pour avoir recours à Dieu. Il faut que les médecins leur disent, nous ne pouvons plus rien, pour qu'ils mettent leur confiance dans celui qui peut tout.

Ne soyons pas étonnés de ce peu de soumission dans les personnes attachées à la vie. On ne quitte qu'avec peine ce qu'on a aimé constamment. Les regrets d'une personne du monde, dans les commencemens d'une maladie sérieuse, sont bien différens de ceux des Justes. La Sœur Bony nous en fournit un exemple.

II. Ses regrets. Dans les progrès de la maladie, cette pieuse Fille ne considéra que la volonté de Dieu, qui sembloit se déclarer dans ces momens sur la durée de ses jours. Elle se représenta l'exécution de cet arrêt irrévocable, prononcé contre tous les enfans d'Adam; elle pensa, aussi-bien que nous, que le jour de sa mort n'étoit plus un mystere pour elle. Brûlée par le feu d'une fiévre violente, déchirée par des douleurs vives & excessives, accablée sous les coups qui menaçoient la ruine de son corps; elle pouvoit dire comme Ezéchias, & nous le pensions aussi, ce jour est le dernier dans cette vallée de larmes, ce matin encore sur la terre, ce soir dans l'éternité.

Tout nous montroit le tombeau ouvert pour la recevoir dans cet accès violent qu'elle eut au commencement de sa maladie. Rien, selon le cours ordinaire, ne pouvoit nous flatter. Elle étoit usée de peines, de veilles, de travaux; elle avoit tout fait pour Dieu, pour les pauvres, & rien pour la conservation de sa santé. Son zele l'avoit fait braver long temps les dangers d'une poitrine

R iiij

échauffée, & souvent ceux d'un rhume & de la fiévre ; par conséquent on ne pouvoit pas se promettre qu'elle eut assez de forces pour résister à de fréquens & de violens redoublemens.

La Sœur Bony ne le présuma pas non plus ; elle nous parla de sa mort avec tranquillité : elle ne pleura point comme Ezéchias, aux approches de la mort ; elle adora la main qui coupoit le fil de ses jours. Elle ne dit point comme ce Prince, je ne verrai donc plus aucun des mortels ; mais elle dit ; *je vais donc avoir le bonheur de voir Dieu, de le posséder.* C'étoit l'amour, la confiance, qui lui faisoient tenir ce langage ; ce n'étoit pas la présomption.

Quels pouvoient donc être les regrets d'une Fille si détachée de la terre, si unie à son Dieu, & assurée par sa foi & sa confiance, de le posséder bien-tôt ? Voici les seules choses qui l'affligeoient. Elle craignoit de n'avoir pas été assez fidéle à la grace, de n'avoir pas fait tout le bien qu'elle pouvoit faire, ou de ne l'avoir pas fait avec assez de ferveur & assez d'attention. Les pauvres qu'elle aimoit, l'occupoient aussi ; elle les recommandoit au Seigneur, aussi-bien que la durée de l'azile qu'elle leur avoit conservé ; enfin, ses Sœurs qui ne pouvoient pas retenir leurs larmes, & qui auroient sacrifié leur vie pour la conservation de la sienne. Elle leur dit.

C'est par la grace de Dieu que j'ai fait le peu de bien qui me rend si chere à vos yeux ; c'est par mon imperfection que je ne l'ai pas fait comme il le desiroit ; j'ai besoin d'être purifiée par les souffrances, & c'est dans le cœur de Jesus-Christ que je mets toute ma confiance.

Je suis touchée des soins que vous prenez de ce misérable corps ; mais je suis fâchée des peines que je vous donne ; j'ajoute à vos occupations, qui sont pénibles, des fatigues qui altéreront votre santé. Ce n'étoit que pour faire ces réflexions, qu'elle cessoit de prier & de fixer ses yeux sur son Crucifix. Ensuite elle se disposa à recevoir les derniers Sacremens de l'Eglise.

III.
Elle est administrée.

Monsieur le Beau, Recteur de l'Hôpital, & son Confesseur, en qui elle avoit confiance, qui méritoit l'estime dont elle l'honoroit, par la pureté de ses mœurs & de sa doctrine, aussi-bien que par la bonté & la douceur de son caractere.

La Sœur Pichard, Supérieure de la Charité, que le Ciel n'a fait que nous montrer dans cette Ville, mais que nous avons assez connue pour sentir la grandeur de la perte que faisoient les pauvres; les Sœurs qui l'environnoient, & moi, nous décidâmes qu'il ne falloit pas s'opposer à son desir, que les délais pourroient nous rendre coupables, & qu'il falloit lui faire recevoir les derniers Sacremens de l'Eglise dans la journée. M. le Beau se chargea d'avertir M. le Grand, actuellement Prieur de Saint Germain.

Ce Pasteur, non-seulement recommandable par cette douceur, cette affabilité, & cette bonté qui font les aimables liens de la société, mais encore par la vertu qui est si essentielle dans sa place, la charité, la compassion envers les malheureux ; il est touché de toutes les miseres, il donne ce qu'il a, & il ne lui manque que de plus grands fonds pour faire des aumônes plus abondantes.

Il connoissoit le mérite de la Sœur Bony ; il respectoit sa haute piété, & n'ignoroit pas les grands biens qu'elle avoit faits; c'est pourquoi il se fit un devoir de l'administrer, & il assura Monsieur le Beau qu'il descendroit à l'Hôpital pour cette cérémonie à quatre heures du soir, ce qu'il exécuta.

Pendant que l'on préparoit le lieu où elle étoit, elle préparoit son cœur ; il étoit facile à tous ceux qui la voyoient, & qui l'entendoient de s'appercevoir que la divine charité y régnoit, & que le feu de l'amour divin étoit supérieur au feu de la fievre qui consumoit son corps. *Je vais donc vous recevoir pour la derniere fois sur la terre, ô mon divin Sauveur,* disoit-elle, *vous daignez descendre jusqu'à votre servante; vous la venez trouver dans l'azile des pauvres, & sur le lit de son infirmité, pour guérir son ame. Ha! que je meure comme vous sur la Croix. Que le saint amour consume la victime, afin qu'elle vous soit agréable.*

Quelle différence entre la confiance des Justes à la mort, & les frayeurs des mondains ! Dès les commencemens de la maladie, les Justes se confessent, demandent les derniers Sacremens de l'Eglise, ne s'occupent plus que de l'éternité dans laquelle ils vont entrer. Ils parlent de la mort avec tranquillité, ils l'attendent avec une sainte impatience, ils ne font que se prêter aux soins qu'on prend de leur corps; mais leur ame est dans leurs mains comme un trésor qu'ils craignent de perdre, & qu'ils vont présenter à celui qui l'a rachetée de son sang.

Dans les progrès même de la maladie, lorsque tout annonce une mort prochaine, les mondains ne pensent pas encore sérieusement à la destinée de leur ame ; il faut prendre des précautions pour leur annoncer le danger qui menace leurs jours. On craint de les allarmer, la vue d'un Confesseur les effrayeroit. On ne l'appelle que dans les derniers momens. On appréhende la surprise, la négligence des délais, lorsqu'il s'agit de prolonger une vie qui doit nécessairement finir. On ne craint point d'être surpris lorsqu'il s'agit de sauver une ame qui est immortelle. On diroit qu'on ne veut sauver que les apparences, puisqu'on ne veut recevoir les Sacremens de l'Eglise, que dans les ombres de la mort.

La Sœur Bony demanda le Saint Viatique & l'Extrême-Onction dès le premier redoublement qu'elle eut. Aussi avoit-elle dans ses douleurs même, cette présence d'esprit, cette tranquillité qui permettent à l'ame de goûter combien le Seigneur est doux.

Avec quelle piété ! avec quelle foi ! avec quel amour ! avec quelle confiance reçut-elle ces divins Sacremens qu'elle avoit demandés.

Elle s'unissoit avec attention aux prieres du Ministre ; elle écoutoit avec respect ses exhortations ; elle répondoit avec humilité à ses demandes. On la vit comme dans un ravissement après avoir communié, elle adoroit son bien-aimé dans le silence. La félicité dont son ame jouissoit alors, éclatoit au-dehors par des soupirs vers le Ciel, des paroles touchantes, & toute de feu, des cantiques d'allegresse & d'actions de graces.

Dieu avoit des vues sur la Sœur Bony que nous ignorions ; nous pensions qu'elle touchoit au dernier moment de sa vie, & il vouloit encore la laisser dans la voye des tribulations; il ne lui rend pas la santé, mais il prolonge les accidens ; le danger s'écarte pour un temps, les douleurs qui doivent la purifier subsistent toujours, sa patience sera éprouvée par une longue maladie, & son amour par des délais. Si les douleurs affligent son corps, ce que Dieu différe de lui accorder, afflige son ame.

IV. Sa maladie dure quatorze mois.

Dieu a des vues de miséricorde sur ses Elus ; il les éprouve, il les purifie sur la terre, par les persécutions & les souffrances. Ce sont ceux qu'il aime qui sont le moins épargnés dans ce monde ; ce sont les prieres destinées à entrer dans l'édifice de la céleste Jérusalem que les coups de l'affliction taillent, polissent, pour être placées dans leur rang.

C'est la foi qui nous enseigne ces vérités, qui peut seule nous faire connoître les vues de Dieu dans la longue maladie de la Sœur Bony.

A peine eut-elle été administrée, qu'il se fit un changement qui nous flatta; la fievre diminua, on ne vit plus un danger prochain. Mais la cause du mal subsista toujours; les forces ne revinrent point, les douleurs qui déchiroient son corps, ne cesserent point, & elle fut quatorze mois dans cet état. Quels étoient les desseins de Dieu?

C'étoit pour augmenter ses mérites; c'étoit pour perpétuer son gouvernement si sage & si utile, c'étoit pour nous instruire & nous édifier.

Dieu perfectionne la sainteté de ses Elus par les souffrances. C'est sa tendre miséricorde qui éclate sur eux, lorsqu'il paroît les abandonner, & qu'il les laisse long-temps dans le creuset des afflictions. Il faut que celui qui est Saint, acquiere encore des accroissemens de sainteté, & que le feu de la tribulation purifie son ame qui contracte des taches & des souilleures à ses yeux dans le commerce du monde.

La Sœur Bony avoit fait l'œuvre de Dieu avec zele, avec amour; la grace l'avoit conservée malgré la corruption du monde. A nos yeux elle étoit digne du Ciel, mais aux yeux de celui qui trouve des taches dans les Anges même, elle n'étoit pas encore assez pure; c'est pourquoi le Seigneur qui avoit des vues de miséricorde sur elle, lui donna les moyens d'expier toutes ses fautes, & d'embellir son ame sur la Croix, où il la laisse attachée si long-temps.

Une preuve que c'étoit là le dessein de Dieu dans la longue maladie de la Sœur Bony, c'est que ses douleurs vives & perpétuelles n'affoiblirent pas sa tête. Elle conserva jusqu'au dernier moment cet esprit de prudence, d'œconomie, de sagesse, de force nécessaire pour bien gouverner.

On ne voyoit qu'avec admiration cette pieuse Fille dans son lit parler,
écrire,

écrire, donner des ordres, commander, défendre & gouverner sa Maison comme si elle eut été en pleine santé. Elle passoit d'une pieuse lecture & de la méditation de la mort qu'elle attendoit, au détail des besoins des pauvres, & plaidoit même encore habilement leur cause auprès de ceux qui la visitoient.

On eut dit qu'elle ne souffroit point, quand elle parloit de Dieu, ou quand on lui faisoit espérer quelques dons pour l'Hôpital.

Je regardois le lit de sa douleur, comme une chaire d'où elle nous enseignoit la nécessité de nous soumettre aux afflictions. La pureté que Dieu veut trouver dans une ame pour l'introduire sur la sainte Montagne où il habite, & les vertus qui nous rendent les souffrances utiles & méritoires.

V. Sa patience dans sa longue maladie.

Ce ne sont pas les suffrances seules qui font le mérite des amis de Dieu, c'est la patience. C'est elle, dit l'Apôtre Saint Jacques, qui perfectionne le grand ouvrage de notre salut. Elle prouve notre foi, notre soumission,

I. Epître de S. Jacques, chap. I.

S

notre amour; la Sœur Bony a prouvé, pendant quatorze mois par sa patience & sa résignation, que rien n'étoit capable de séparer une ame fidéle, de la charité de Jesus-Christ, comme le disoit Saint Paul.

Elle n'a été aucun jour, aucun moment sans souffrir de grandes douleurs, & elle n'a jamais perdu la présence de Dieu, ni le calme & la paix intérieure. La violence du mal épuisoit de jour en jour ses forces, mais sa tendre piété prenoit des accroissemens de perfection; elle n'avoit plus que la peau collée sur les os, mais elle avoit encore un cœur & une bouche, pour aimer & louer son Dieu; & l'on peut dire d'elle ce que le Saint Esprit disoit de Job. Dans toute sa maladie, dans les douleurs les plus vives, dans les déchiremens de ses chairs, elle n'a point cessé de donner à ceux qui étoient auprès d'elle, des exemples de patience & de soumission à la volonté de Dieu.

Il y a les plaintes innocentes de la nature qui ne veut point souffrir, & qui est trop sensible à la douleur pour ne pas gémir sous les coups qui l'accablent ; mais ce ne sont point des péchés, quand la religion les sanctifie par une résignation parfaite à la volonté de Dieu.

C'étoit aussi la religion qui rendoit la Sœur Bony supérieure aux douleurs continuelles qui la détruisoient lentement. Un jour que le mal fut des plus violens, & qu'elle en étoit comme accablée, elle dit à ses Sœurs : *Sçavez-vous bien, mes enfans, que si ce n'étoit la religion qui nous promet une gloire immortelle pour des maux passagers, on s'impatienteroit dans certains excès de douleur. Je ne suis pas étonnée que ceux qui n'aiment point Dieu, & qui ne desirent pas ardemment de le posséder, s'impatientent dans certaines maladies.*

Aussi-tôt elle regardoit son Crucifix qu'elle avoit toujours devant elle, elle le baisoit avec foi & disoit: *Voilà mon modele : pour participer à sa gloire, il faut participer à son Calice.*

C'étoit sa foi, sa soumission, son amour qui étoient le principe de cette patience & de cette douceur qui nous étonnoient, car elle étoit sensible à la douleur comme les autres malades. On jugeoit des maux qu'elle devoit sentir par le dépérissement de son corps & les mouvemens involontaires de sa tête, de ses yeux & de ses bras. On étoit touché de son état, & on n'auroit pas pu être mésédifié dans certains momens, quand il lui seroit échappé quelques plaintes ; mais nous ne fumes jamais obligé de l'exhorter à la patience. Sa foi étoit si grande, que la félicité préparée à son ame après le combat, lui faisoit dire, comme Saint Paul, qu'il n'y a point de proportion entre les souffrances de la terre & les biens éternels. Sa soumission étoit si parfaite, qu'elle disoit. *Malheur à l'ame qui préfére sa volonté à celle de Dieu, mon Sauveur lui a été soumis jusqu'à la mort de la Croix ;* son amour étoit si pur, si ardent, qu'elle répétoit souvent ces paroles de la grande Sainte Therese: *Souffrir ou mourir*, & celles de Saint Augustin : *Coupez, brulez, Seigneur, ce miserable corps, & épargnez-moi dans l'éternité.*

de la Sœur Bony. 213

Comme elle sçavoit qu'elle avoit besoin de la grace pour souffrir selon les desseins de Dieu sur elle, elle se recommandoit aux prieres de ses Sœurs, des personnes pieuses, & surtout aux Prêtres qui ont l'honneur de célébrer les saints Mysteres.

Elle dit à un Prêtre en qui elle avoit confiance »: Voici une maladie » que Dieu prolonge pour me puri- » fier de mes péchés ; sa miséricor- » de infinie me procure le moyen de » participer au Calice de son divin » Fils, il m'attache à la Croix, & il » y a apparence qu'il ne m'en déta- » chera pas si-tôt. J'ai besoin des se- » cours du Ciel pour persévérer dans » son amour jusqu'à la fin ; j'aurai » bien des combats à soutenir, & je » serai aisément vaincue s'il ne me » soutient pas ; je me soumets à sa » volonté ; je lui fais le sacrifice de » ma vie ; je ne refuse pas de souf- » frir aussi long-temps qu'il le vou- » dra ; mais c'est de lui seul que j'at- » tends la patience qui rend à ses » yeux les souffrances méritoires ; » c'est pourquoi je vous prie de célé-

VI. On célebre la Messe pendant neuf jours.

» brer pour moi la Sainte Messe à
» l'Autel de la Sainte Vierge, pour
» m'obtenir la grace de faire un saint
» usage de ces douleurs passageres,
» qui sont des preuves de sa miséri-
» corde, & qui doivent me procu-
» rer une Couronne immortelle.

Le Prêtre auquel elle fit cette demande, lui dit : ma chere Sœur, non-seulement je célébrerai une fois la Messe, mais même je la célébrerai neuf jours de suite si Dieu le permet. Il ajouta : c'est prier contre vous que de demander au Seigneur, qu'il prolonge vos jours ; la mort est un gain quand on aime Dieu ; elle nous dérobe aux ennemis de notre salut, & nous fait entrer en la société des Saints couronnés dans la charité ; mais c'est prier pour les pauvres ausquels vous êtes utile. Au reste nous lui demanderons de ne nous pas exaucer selon notre volonté, mais selon la sienne, toujours adorable.

On fit donc une neuvaine dans l'Eglise de l'Hôpital ; on y offrit tous les jours le Saint Sacrifice à l'Autel de la Sainte Vierge, comme cette pieuse

Fille souffrante le desiroit. Les Sœurs, les pauvres, & d'autres personnes s'unirent au Prêtre qui célébroit ; tous donnerent l'édifiant spectacle d'une piété tendre, & d'une foi vive. La Sœur Bony, dans son lit, étoit de cœur & d'esprit au pied de l'Autel devant l'Agneau immolé ; les affections du cœur formoient ses prieres, plutôt que les sons de la voix.

Dans ce précieux moment, où par un ineffable, mais réel changement, Jesus Christ prend la place du Pain dans les mains du Prêtre, la Sœur Bony qui s'immoloit avec son Sauveur à l'Autel, fut honorée d'une apparition de la Sainte Vierge, qui répandit l'allégresse dans son ame, la consola, & l'encouragea dans la longue carriere de souffrances où elle ne faisoit que d'entrer.

Je m'attends ici qu'on m'arrêtera, & qu'on m'opposera la promesse que j'ai faite en commençant cet Ouvrage, de ne point parler des miracles, ni des merveilles que l'Eglise n'a point constatés. Mais je réponds que je ne m'écarte point de cette régle, que je revere, & que je dois observer inviolablement. Comment? le voici.

Je rapporte ce que cette pieuse Fille a dit à ses Sœurs, à la Sœur Pichard, Supérieure de la Charité, à moi, à d'autres, quand la deuxiéme Messe de la neuvaine fut finie. Je fais observer que c'étoit au commencement de sa maladie, c'est-à-dire, après que le danger d'une mort prochaine fut écarté, qu'elle prioit, qu'elle étoit assise dans son lit. Je ne me donne point pour un témoin oculaire, d'ailleurs mon témoignage ne seroit pas d'un grand poids pour accréditer une faveur si extraordinaire; je fais simplement le récit de ce que cette pieuse Fille, incapable d'en imposer, m'a dit & à beaucoup d'autres. Je ne la rapporte pas comme un fait revêtu de cette autorité qui oblige de le croire pieusement, tels que sont ceux que l'Eglise a constatés. Je n'ai garde dans un siécle ou les incrédules répandent des doutes sur les miracles même de Jesus-Christ, d'assurer des merveilles opérées dans la chambre

chambre d'une malade.

J'ai été touché du récit que la Sœur Bony m'a fait, & je ne l'ai point révoqué en doute, parce que je connoissois la vivacité de sa foi, la candeur de son ame, & la solidité de son esprit; ceux qui ne l'ont point connue comme moi, peuvent penser ce qu'ils voudront, rien ne les oblige de croire cette faveur accordée à une Fille toujours unie à Jesus-Christ par la communion ou par le desir de communier.

VII. Elle communie souvent.

Il n'y a que les ames pieuses qui communient souvent, qui sentent des peines lorsque l'infirmité ou quelque circonstance les empêche de nourir leur ame du Corps & du Sang de Jesus-Christ. Les Chrétiens fervens du temps de Saint Chrisostome, ne reçonnoissoient point d'autre peine, que celle d'être privés de cette divine nourriture.

Il n'en est pas des délices que goûte l'ame dans une fervente Communion, comme des délices que goûtent les mondains dans des satisfactions terrestres. Elles n'enfantent jamais le dégoût, au contraire elles font naître de nouveaux desirs, elles les rendent plus vifs, plus ardens. Ceux qui ignorent les douceurs & les suavités que répand dans une ame pure la Communion, sont ceux qui communient rarement. Ils n'éprouvent point combien le Seigneur est doux, parce qu'ils n'approchent point de lui avec amour.

Nous voyons que ceux qui n'approchent qu'à certaines grandes solemnités de la Table sacrée, ne sont pas les premiers à demander les Sacremens quand ils sont malades, & que dans une longue maladie, ils ne se font pas un devoir de communier plusieurs fois. Il n'en est pas ainsi de ceux qui dans leur santé ne goûtent point d'autres délices que celles de la Communion, que la penitence purifie des fautes qui échappent aux Justes, & que l'amour fait approcher presque tous les jours de la Table sainte pour s'y nourrir du pain des Anges, leur unique douleur est d'être privés de la Communion.

La Sœur Bony qui pendant sa vie avoit communié tous les jours que sa régle lui permettoit, qui communioit toujours avec une nouvelle ferveur, & qui tiroit tant de fruits de ses Communions, craignoit dans sa maladie de ne pouvoir pas satisfaire son amour aussi souvent qu'elle le desiroit ; c'étoit-là ce qui l'affligeoit.

» Que deviendrai-je sans vous,
» ô mon divin Sauveur, disoit-elle,
» vous êtes ma force, ma lumiere, la
» vie de mon ame, ce n'est qu'en
» mangeant ce Pain mysterieux que
» j'aurai les forces nécessaires pour
» marcher avec succès dans la carriere
» de douleurs que vous m'avez ou-
» verte, & pour arriver à la monta-
» gne sainte que vous habitez.

» Par la communion vous de-
» meurez en moi, & moi en vous. Si
» je ne communie pas, que devien-
» drai-je sans vous ? Vous habitez
» en moi, il est vrai, par votre gra-
» ce, les liens de la charité m'unis-
» sent à vous ; dans l'impossibilité de
» vous recevoir dans le Sacrement de
» votre amour, le desir d'un cœur
» qui vous aime, procure les fruits
» de la Communion ; mais, mon

» Dieu, accordez-moi la grace de
» vous recevoir sacramentellement
» & spirituellement.

Voilà un récit abregé de ce que cette pieuse Fille disoit dans sa maladie ; l'amour le plus tendre & le plus ardent animoit ses paroles, le Seigneur exauça ses desirs & ses prieres ; pendant les quatorze mois de sa maladie elle a manqué très-peu des communions permises par sa Régle.

Rien de plus édifiant & de plus touchant que ce qu'elle disoit la veille & le jour de la communion.

Comme elle étoit très-foible, elle craignoit toujours de ne pouvoir pas être à jeun pour communier le matin. Elle prioit, elle se recommandoit aux prieres des autres pour obtenir une nuit tranquille, non pour goûter les douceurs du repos dont son corps accablé de douleurs avoit besoin, mais pour avoir le bonheur de procurer à son ame, les saints delices de la Communion.

Le matin quand elle avoit communié, on la voyoit dans l'allegresse ; elle faisoit éclater sa satisfaction ; elle me disoit, quand j'entrois dans sa chambre pour lui annoncer que j'allois célébrer la Sainte Messe. " J'ai » encore obtenu le bon Dieu au- » jourd'hui, j'ai eu assez de forces » pour attendre, sans rien prendre, le » moment précieux où l'on pouvoit » me communier «. Tous ceux qui l'écoutoient, étoient touchés des discours qu'elle leur tenoit.

VIII. Ce qu'elle disoit à ceux qui la visitoient.

Une fille toujours occupée de son Dieu, nourrie si souvent du Corps & du Sang de Jesus-Christ, toujours dans de pieuses méditations, & les yeux fixés vers le Ciel, ou sur les objets les plus capables de toucher le cœur & d'y faire naître le desir des souffrances, ne pouvoit qu'édifier ceux qui la visitoient. C'étoit un Prédicateur éloquent de la patience, de la soumission à la volonté de Dieu, du détachement de la vie & de la grandeur des biens qui nous sont destinés. Elle fut visitée dans sa maladie par toutes les personnes qui révèrent la vraye piété, mais elles étoient récompensées de leurs peines par les consolations & les fruits qu'elles en tiroient.

Elles voyoient cette pieuse Fille sur le lit de la douleur, comme on voit un Chrétien fervent au pied des Autels, un Crucifix sous ses yeux, un Reliquaire, ses Livres de piété. Elles admiroient une tranquillité d'ame, une sorte de repos dans les souffrances qui leur annonçoient sa foi, sa soumission, sa charité, & la fermeté de son espérance. Mais c'étoit sur-tout ce qu'elle leur disoit qui les remuoit, les touchoit, & leur faisoit former de pieuses résolutions.

On ne s'appercevoit pas de sa foiblesse quand elle parloit de Dieu, c'étoit avec une force, un feu, une onction qui représentoient plutôt un Apôtre en Chaire, qu'une malade dans un lit. Elle avoit le don de proportionner ses avis & ses charitables remontrances à l'âge, à la condition, à la conduite de ceux qui l'écoutoient. Elle s'attachoit à peindre le néant, les vanités du monde, le bonheur de ceux qui servent Dieu, qui l'aiment & qui desirent de le posséder. On se regardoit, en l'écoutant, on se condamnoit, & plusieurs m'ont assuré qu'ils s'en retournoient embaumés des exemples & des leçons qu'elle leur donnoit.

Ses Sœurs qui ne la quittoient point, ont rendu aussi le même témoignage. Comme elles la voyoient s'affoiblir, & que la violence du mal ne leur permettoit plus de se flatter, il leur étoit difficile de cacher leur tristesse. Les larmes qui couloient de leurs yeux la manifestoient ; cette pieuse Fille s'en appercevoit, & de son lit, comme d'une Chaire, elle les consoloit & les instruisoit.

IX. Ce qu'elle disoit à ses Sœurs.

Quelle différence entre une ame pure, innocente, que Dieu console, qu'il caresse & qu'il favorise jusqu'à lui donner un avant-goût du Ciel dans les maux mêmes qui accablent son corps. Elle est libre, paisible. Ce qui fait la tristesse des autres, fait sa joye; une ame attachée à la terre, que la foi ne console pas, que la douleur, que la tristesse de ses proches effraye, & qui craint la mort jusqu'à pleurer d'avance le moment qui doit la séparer des créatures, est triste, troublée, abbatue. Les discours les plus touchans ne la consolent pas;

& ce qu'elle attend même au-delà du tombeau, ne l'empêche pas de regretter ce qu'elle quitte en sortant de cette vallée de larmes.

La Sœur Bony occupée du Ciel qu'elle espéroit, oublioit son corps pour ne penser qu'à la félicité future de son ame.

« Je vous remercie, mes cheres
» Sœurs, des soins que vous prenez
» de ce pauvre cadavre qui retient
» encore mon ame sur la terre ; je
» vous tiens compte de votre tendre
» attachement à celle qui vous aime
» & qui s'intéresse à votre sanctifi-
» cation ; mais puis-je être trop-tôt
» réunie à mon Dieu, s'il veut bien
» terminer à présent ma carriere, &
» se contenter du peu que j'ai fait.
» Bénissons le, & chantons des Can-
» tiques d'actions de graces.

» Dans la destruction de ce mi-
» sérable corps, au lieu d'arroser de
» nos pleurs ses ruines, qui seront
» cachées dans la terre jusqu'à la
» fin du siécle, aimez les pauvres,
» ne mettez point votre confiance
» dans les hommes, soyez fidéles
» à votre vocation, & préparez-

» vous à une mort chrétienne, par
» une vie sainte. Je ne crains pas
» la mort, mais je la desire, parce
» que je sçai en qui je mets ma
» confiance ; c'est en un Dieu qui
» veut nous sauver, & qui ne rejette
» point un cœur contrit & humilié. »

J'ai vû dans la Sœur Bony se vérifier tous les oracles du Saint Esprit, sur la tranquillité du juste aux approches de la mort.

X. Sa tranquillité aux approches de la mort.

Tantôt il est dit qu'il ne craindra pas à la fin de sa carriere, & qu'il verra avec satisfaction le moment qui doit l'enlever à la terre. La Sœur Bony parloit avec joye de sa mort. Elle l'attendoit, elle la desiroit pour jouir de Dieu, plus elle s'en croyoit proche, plus elle paroissoit satisfaite. Dans sa chambre, comme dans la demeure du Juste, on n'entendoit, quand elle parloit, que la voix de l'allégresse & du salut. Si la tristesse étoit peinte, c'étoit sur le visage de ses Sœurs ; sur le sien brilloit une sérénité que les douleurs & les ombres même de la mort n'ont jamais pu effacer.

Tantôt il est dit que Dieu délivrera le jour de la mort, qui est un jour d'allarmes, de frayeur pour le mondain, le Juste qui aura été la ressource des pauvres. La Sœur Bony paroissoit aux approches de la mort, tranquille & paisible comme ceux, qui sont sortis du combat, ou ceux qui sont arrivés au port après les tempêtes qui menaçoient leurs jours. Elle vérifia même aussi ce que dit le Sage de la femme forte, qui meurt avec un visage riant. On la voyoit se réjouir de tout ce qui pouvoit contribuer à la gloire de Dieu & au soulagement des pauvres.

En admirant sa tranquillité, je me disois à moi-même, quelle différence entre cette pieuse Fille & ceux que les approches de la mort saisissent, troublent, qu'il faut flatter, & auxquels il faut dérober le moment qui doit décider de leur éternité !

Je m'entretiens avec elle de sa mort ; nous en méditons les suites, & elle ne se représente qu'un bonheur éternel, dont elle ne jouit pas assez-tôt à son gré. Ah ! sans doute qu'une voix intérieure lui disoit, parce que vous avez veillé, prié, fait ma volonté, venez, entrez dans la joye de votre Seigneur, servante fidele de Jesus-Christ dans ses membres; ce qu'elle espéroit au moment de sa mort, nous donne lieu de le penser.

XI. *Le desir qu'elle avoit de posséder Dieu.*

La nuit du Dimanche, 13 Mai, la Sœur Bony eut un redoublement très-violent. Les déchiremens de ses chairs lui causoient des douleurs si vives, qu'elle ne douta plus que le moment de sa mort étoit enfin arrivé. Sa foi, son amour, prirent encore des accroissemens qui l'unirent à Dieu, & ne lui faisoient plus regarder que le Ciel.

Le Dimanche, à huit heures du matin, avant que je célébrasse la Messe, elle pria M. le Beau de dire les Prieres des Agonisans; je me joignis à lui.

Nous admirames la présence de son esprit, la vivacité de sa foi, la fermeté de sa confiance, sa tranquillité. Elle répondoit, avoit attention, avec une piété tendre; elle attendoit le moment de la séparation de son ame avec autant d'ardeur qu'un Captif qui soupire après sa liberté. Ses Sœurs, qui environnent son lit, l'arrosent de leurs larmes ; elle, occupée du Ciel où elle espére entrer à la fin du combat, ne pense qu'à en sortir victorieuse des efforts de l'ennemi de notre salut ; & c'est pour obtenir cette grace précieuse, qu'elle nous pria de réciter les Litanies touchantes qu'elle avoit coutume de dire tous les jours, pour mourir dans la grace & la charité de son Dieu.

Cette confiance qu'elle avoit d'entrer dans le Ciel, n'étoit pas en elle présomption, c'étoit Dieu qui la consoloit, & qui l'appelloit à lui intérieurement par un avant-goût de la félicité future.

Elle n'étoit pas exempte des répugnances de la nature ; elle ne vit pas sans frayeur, le Calice qui lui étoit présenté, & les dangers du dernier combat que le Démon nous livre ; mais comme sa foi étoit vive, sa soumission à la volonté de Dieu parfaite, le Ciel la consola dans son agonie, comme son divin époux dans le Jardin des Oliviers.

J'oppose, disoit-elle, la voix de la miséricorde au souvenir de mes fautes. Le cœur de Jesus est ouvert à tous les hommes, sa Croix a fermé l'Enfer & ouvert le Ciel. Un moment après, c'est sur cette Croix qu'il a dit au criminel pénitent, vous serez aujourd'hui avec moi en Paradis. J'ai, ajoutoit-elle encore, une ressource efficace dans les playes de mon Sauveur. C'est pour moi que ses pieds & ses mains ont été percées, & son côté ouvert. Sa Sainte Mere que j'ai eu le bonheur d'honorer toute ma vie, me protégera à l'heure de ma mort; l'Ange destiné à ma garde me défendra; j'espére, & je ne serai pas confondue, parce que ce n'est qu'en Dieu que j'espére.

La juste idée qu'elle concevoit de la sainteté de Dieu, la portoit à admirer sa miséricorde, lors même qu'il satisfait sa justice en purifiant dans le Purgatoire ses Elus, des taches qui les souillent à ses yeux; ʼʼ Elle me disoit, quelques grandes ʼʼ que soient les peines du Purgatoi- ʼʼ re, on les souffre avec patience, ʼʼ avec soumission, puisque la cha- ʼʼ rité régne dans ce lieu d'expiation ʼʼ.

Le Dimanche sur le soir, elle eut encore un redoublement qui paroissoit devoir terminer sa sainte carriere. On vint m'appeller ; je montai & médifiai avec elle, en lui parlant de sa mort prochaine. La nuit, l'ardeur de la fiévre diminua, elle fut tranquille le Lundi matin.

Ce fut dans la conversation que j'eus avec elle, en présence d'une Dame de piété, qu'elle me fit connoître toute la grandeur de sa foi & de sa confiance. ,, Je croyois, me ,, dit-elle, hier au soir, tenir cette ,, couronne que j'attends dans le ,, Ciel ; mais Dieu ne me l'a pas ac- ,, cordée, il différe encore mon bon- ,, heur. ,, Je lui répondis, ma chere Sœur, ce n'est pas un long délai, votre amour sera bien-tôt satisfait.

XII. *Sa mort.* Le Mardi sur les dix heures du matin, elle s'apperçut que le moment d'être réunie à son Dieu approchoit ; elle demanda une seconde fois les Prieres des Agonisans ; nous les récitames, elle s'unit à nous comme la premiere fois, assise sur son lit, tenant un Crucifix dans ses mains, sur lequel elle fixoit ses yeux avec foi.

Toutes ses Sœurs, & plusieurs de la Charité des malades, environnoient son lit ; un cierge allumé à la main, comme elle les voyoit pleurer, elle les consola, en leur disant : *mes enfans, je vous laisse dans le cœur de Jesus* ; ensuite elle demeura dans le silence, contemplant son Sauveur attaché à la Croix jusqu'à une heure après-midi, qu'elle expira dans la charité du Seigneur.

Nous fumes au moins une demie-heure sans nous appercevoir qu'elle étoit morte, quoique nous eussions les yeux fixés sur elle. Elle demeura dans la même situation. On eut dit qu'elle dormoit, & ce ne fut qu'en la changeant de situation qu'on s'apperçut que son ame étoit séparée de son corps. Nous dimes les prieres accoutumées, & nous la recommandames au Seigneur.

Le lendemain on fit ses obseques, M. le Prieur célébra la Messe, & on l'enterra auprès de l'Autel du Sacré Cœur, monument de son zéle & de sa piété (*a*).

(*a*) On a fait poser une Epitaphe au-dessus de son Tombeau. C'est un Marbre noir sur lequel on a gravé en lettres d'or,

Il y eut un concours extraordinaire à son enterrement. Presque tous Messieurs les Prêtres, les Administrateurs en charge & anciens, & un grand nombre de personnes pieuses y assisterent. Les pauvres pleuroient leur mere ; on racontoit ses vertus, on l'appelloit la sainte Fille, & plusieurs ambitionnerent d'avoir quelque chose qui eut été à son usage.

Nous serons condamnés par le respect que nous avons pour cette pieuse Fille, si nous n'imitons pas ses vertus. Tous ceux qui l'ont connue, desirent une mort semblable à la sienne ; mais une bonne mort est la récompense d'une bonne vie, si nous voulons avoir le sort des amis de Dieu, il faut vivre comme ils ont vécu.

---

l'abrégé de ses vertus, & où on la recommande aux prieres des Fideles, parce que la vie la plus louable a besoin de la miséricorde de Dieu.

Fin du cinquiéme & dernier Livre.

www.ingramcontent.com/pod-product-compliance
Lightning Source LLC
Chambersburg PA
CBHW071908160426
43198CB00011B/1213